Klipp & Klar Lerntrainer

Herausgegeben von Walter Kowalczyk und Klaus Ottich

Dr. Walter Kowalczyk, Jahrgang 1949, ist Schulpsychologe und als Lehrbeauftragter an der Universität Hannover tätig. Er ist Mitglied in der Aktion Humane Schule und im Arbeitskreis Grundschule.
Klaus Ottich, Jahrgang 1942, ist Lehrer für Deutsch und Geschichte.
Beide Herausgeber sind in der regionalen und überregionalen Fortbildung tätig. Sie haben zahlreiche Bücher und Aufsätze zu den Themen «Zusammenarbeit zwischen Elternhaus und Schule» und «Lernförderung» veröffentlicht und sich intensiv mit der Lern- und Gedächtnisforschung befasst. Im Rowohlt Taschenbuch Verlag sind bereits von ihnen erschienen: «Der Elternabend» (Nr. 9182) und «Schülern auf die Sprünge helfen» (Nr. 9775).

Gabriela Hexel-Hille, Jahrgang 1951, ist Lehrerin für Mathematik und Deutsch und Schulleiterin einer Grundschule. Sie war viele Jahre Seminarleiterin für Schulpädagogik. Sie ist Mitglied in einer Arbeitsgruppe des Niedersächsischen Kultusministeriums zum Thema «Öffnung von Schulen nach innen und außen».

Gabriela Hexel-Hille

Mathematik, 3. Klasse

Großes Einmaleins bis 1000

rororo
Rowohlt

Dieses Buch ist nach den neuen Rechtschreibregeln verfasst
(Stand Juli 1996)

Originalausgabe
Lektorat Katrin Helmstedt und Bernd Gottwald

Veröffentlicht im Rowohlt Taschenbuch
Verlag GmbH, Reinbek bei Hamburg, Januar 1997

Umschlaggestaltung Susanne Müller
Illustrationen Christof Tisch
Reihentypografie Iris Farnschläder
Layout Christina Modi
Gedruckt auf Arctic Volume 115 g/qm
der Häfreströms AB Schweden
Gesetzt aus der Minion und Trade Gothic
auf Apple Macintosh in QuarkXPress 3.32
Gesamtherstellung Clausen & Bosse, Leck
Printed in Germany
1690-ISBN 3 499 60187 7

Inhaltsverzeichnis

Liebe Eltern,

sicher hat auch Ihr Kind mit Freude und Aufregung der Einschulung entgegengefiebert. Sie selbst haben keine Probleme erwartet und darauf vertraut, dass Sie weiterhelfen können, falls Ihrem Kind etwas unklar ist. Aber auf einmal gerät das Lernen ins Stocken und in dem Heft Ihres Kindes finden Sie die Bemerkung: «Du musst mehr üben!»
Wie viele Nachmittage haben Sie schon mit Ihrem Kind für die Schule gepaukt, sich Aufgaben ausgedacht und nach Erklärungen gesucht? Aber nicht nur das zerrt an Ihren Nerven, auch die Stimmung ist mies. Wenn Sie mit Ihrem Kind gemeinsam für die Schule büffeln, ist dies sicher oft mit Auseinandersetzungen und Tränen verbunden. «Ich kapier das eh nie.» – «Ich will endlich zu meinen Freunden.» – «Mein Lehrer hat mir das aber ganz anders erklärt.» Und Sie hatten sich den Nachmittag wahrscheinlich auch schöner vorgestellt.
Selbst wenn Sie im Moment gestresst und ratlos sind: In der Regel können Kinder jeden Lernstoff begreifen. Wichtig ist, dass durch eine abwechslungsreiche Darbietung des Stoffes individuelles Lernen ermöglicht und Freude an der Auseinandersetzung mit einem Thema gefördert wird. Hier liegt eine Stärke der *klipp & klar Lerntrainer*. Ein weiterer Vorteil ist, dass Ihr Kind mit den *klipp & klar Lerntrainern* **selbständig** arbeiten kann: Der Lernstoff wird verständlich, anschaulich und in kleinen Schritten dargestellt. Lerntipps erleichtern Ihrem Kind das Verstehen, Anwenden und Behalten. Durch Probeklassenarbeiten wird geprüft, ob das Gelernte auch sicher sitzt. An einigen Stellen ist es sinnvoll, dass Sie Ihre Hilfe anbieten. Dort finden Sie dieses Zeichen (siehe rechts), z. B. bei der Terminplanung für die Wiederholungen. Und Sie finden auf jeder Seite eine Zeitangabe, die Ihr Kind einhalten sollte. Zehn (bzw. zwanzig) Minuten üben sind genug – auch wenn Ihr Kind anfangs die vorgesehenen Aufgaben in dieser Zeit noch nicht gelöst hat. Mit zunehmender Sicherheit wird es das gesamte Pensum schaffen.

Die *klipp & klar Lerntrainer* helfen Ihnen dabei, dass die Nachmittage mit Ihrem Kind wieder entspannter verlaufen.

Walter Kowalczyk und Klaus Ottich

Liebe Lehrerin, lieber Lehrer,

in jeder Klasse begegnen Sie Schülerinnen und Schülern, die Probleme mit bestimmten Themen haben. Besorgte Eltern haben sich an Sie gewandt und um Rat und spezielle Lerntipps gebeten. Viele sind unsicher, wie sie ihr Kind erfolgreich unterstützen können, und fühlen sich beim Erklären schulischer Lerninhalte verständlicherweise überfordert. Das gemeinsame Üben belastet häufig die ganze Familie.
Sicher gibt es auch Schülerinnen und Schüler, denen Sie gern geeignetes Übungsmaterial empfehlen würden, damit sie selbständig Schwächen abbauen und ihre Leistungen verbessern können.

Überzeugen Sie sich selbst: Mit den *klipp & klar Lerntrainern* kann jeder Schüler seine Defizite selbständig aufarbeiten:

- Der Lernstoff wird verständlich, anschaulich und in kleinen Schritten dargestellt.
- Die abwechslungsreiche Darbietung des Stoffes fördert individuelles Lernen und die Motivation, sich mit einem Thema auseinander zu setzen.
- Lerntipps erleichtern das Verstehen, Anwenden und Behalten.
- Das Üben in sinnvollen Lernetappen unterstützt den Lernerfolg.
- Wiederholungsübungen sichern langfristig den Lernfortschritt.
- Durch Probeklassenarbeiten wird überprüft, ob das Gelernte auch sitzt.

Und auch Sie selbst können die *klipp & klar Lerntrainer* mit Gewinn nutzen:

- als Vorbereitung für Ihren Unterricht,
- als Differenzierungsmaterial für Ihre Klasse,
- als Lernprogramm für Ihren Förderunterricht.

Wir wünschen Ihnen viel Erfolg für Ihre Arbeit!
Walter Kowalczyk und Klaus Ottich

Liebe Schülerin, lieber Schüler, so kannst du mit diesem Buch arbeiten:

Bevor du anfängst, blätterst du einfach mal im Buch: Wo steht das 1 • 70? Wo findest du das 1 • 30? Womit fängt das Buch an? Vielleicht hast du sogar schon einige Seiten entdeckt, auf die du dich freust.

1. Lege dir nun dein Arbeitsmaterial zurecht. Du brauchst: einen Bleistift, einen roten Buntstift, einen Radiergummi, einen Wecker.
2. Beginne mit dem 1 • 20!
3. Du stellst den Wecker so ein, dass er nach 10 Minuten (bzw. nach 20 oder 40 Minuten) klingelt.
4. Jetzt fängst du an!
   Löse immer eine Seite in 10 Minuten (bzw. in 20 oder 40 Minuten).
5. Der Wecker hat geklingelt.
   Du hörst auf und kontrollierst deine Lösungen.
   Dazu vergleichst du sie mit den Lösungen im Kapitel «Zum Vergleichen: Die Lösungen». Radiere die falschen Ergebnisse aus und löse diese Aufgaben dann noch einmal.
6. Übe jeden Tag Kopfrechnen. Du kannst statt deiner Eltern natürlich auch deine Freunde, Geschwister, Großeltern usw. bitten, dir Kopfrechenaufgaben zu stellen.
7. Auf Seite 55 beginnen die **Wiederholungsübungen: Das Zehnereinmaleins.** Wenn du die 1. und 2. Wiederholung bearbeitet hast, löst du die erste **Klassenarbeit** (Seite 58).
8. Auf Seite 72 beginnen die **Wiederholungsübungen: Das halbschriftliche Multiplizieren und Dividieren.** Wenn du die 1. und die 2. Wiederholung bearbeitet hast, löst du die zweite **Klassenarbeit** (Seite 75).

Tipp

Bitte deine Eltern oder Geschwister, dir dabei zu helfen.

Halt!
10 Minuten

Das Zehnereinmaleins

Das 1 • 20 und das 1 • 40

Die Einmal-zwanzig-Treppe

Das 1 • 20: Schritt für Schritt

									20
								20	20
							20	20	20
						20	20	20	20
					20	20	20	20	20
				20	20	20	20	20	20
			20	20	20	20	20	20	20
	40	20	20	20	20	20	20	20	20
20	20	20	20	20	20	20	20	20	20
20	20	20	20	20	20	20	20	20	20

1 • 20	2 • 20	• 20	• 20	• 20	• 20	• 20	• 20	• 20	• 20

1 Ich schreibe **unter** jeden Kasten, **wie oft** ich die **Zwanzig** sehe.

2 Jetzt zähle ich in jedem Kasten die **Zwanziger** zusammen.

3 Ich schreibe die Zahl mit **Rot** **über** den Kasten.

4 Ich schreibe alle **roten** Zahlen auf. Ich beginne mit der **20**.

20									

5 Ich kann an den Treppenstufen das **1 • 20** ablesen.

1 • 20 = ☐ 3 • 20 = ☐ 5 • 20 = ☐ 7 • 20 = ☐ 9 • 20 = ☐

2 • 20 = ☐ 4 • 20 = ☐ 6 • 20 = ☐ 8 • 20 = ☐ 10 • 20 = ☐

6 Die untere Aufgabe ist immer das Doppelte. Ich rechne.

1 • 20 = ☐ 2 • 20 = ☐ 4 • 20 = ☐ 3 • 20 = ☐ 5 • 20 = ☐

2 • 20 = ☐ 4 • 20 = ☐ 8 • 20 = ☐ 6 • 20 = ☐ 10 • 20 = ☐

Ich kontrolliere meine Lösungen (Seite 77).

Halt!
10 Minuten

7 Tauschaufgaben:
Tauschaufgaben haben immer dasselbe Ergebnis.
Ich rechne.

1 • 20 = ☐	3 • 20 = ☐	4 • 20 = ☐	7 • 20 = ☐
20 • 1 = ☐	20 • 3 = ☐	20 • 4 = ☐	20 • 7 = ☐
9 • 20 = ☐	6 • 20 = ☐	5 • 20 = ☐	8 • 20 = ☐
20 • 9 = ☐	20 • 6 = ☐	20 • 5 = ☐	20 • 8 = ☐

8 Ich überlege mir selbst 6 Malaufgaben und rechne.

☐ • 20 = ☐	☐ • 20 = ☐	☐ • 20 = ☐
☐ • 20 = ☐	☐ • 20 = ☐	☐ • 20 = ☐

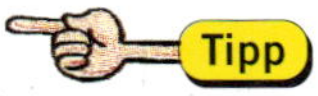

Ich zähle laut in Zehnerschritten von 10 bis 200.
Ich klopfe immer beim **zweiten** Zehner auf den Tisch.

10 (20) 30 (40) 50 (60) 70 …

Das sind die Zahlen des **1 • 20**.

20	40	60	80	100	120	140	160	180	200

9 Ich kreise alle Zahlen ein, die zu der Einmal**zwanzig**-Reihe gehören.

20	60	70	80	110	120	150	160	190	200

Ich habe die

20					

eingekreist.

Ich kontrolliere meine Lösungen (Seite 77).

A

Halt!
10 Minuten

Das 1 • 20: Wie oft steckt die 20 in …?

Tipp

Wenn du nicht weißt: Wie oft steckt die 20 in der 160?, dann hilft dir die **Zehnereinmaleins-Tabelle** weiter.

•	10	20	30	40	50	60	70	80	90	100
1		20								
2		40								
3										
4										
5										
6										
7										
8										
9										
10										

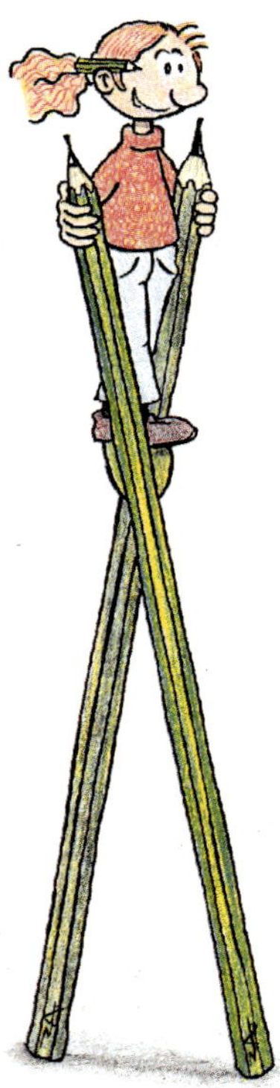

1. Schritt: Ich schreibe die **Ergebnisse** des 1 • 20 untereinander. Ich beginne mit der 20.

2. Schritt: So mache ich weiter, bis ich bei der Zahl 160 angelangt bin.

3. Schritt: Ich kann am linken Rand ablesen, wie oft die 20 in der 160 steckt.
Sie steckt 8-mal in der 160.

Also:

Die 20 steckt in der 160 achtmal (8 •).

Das kann ich auch so schreiben:

160 : 20 = 8

Halt!
10 Minuten

1 Wie oft steckt die 20 in …?

			Ich schreibe:
In der 20 steckt die 20	ein	mal.	20 : 20 = 1
In der 60 steckt die 20	___	mal.	___ : 20 = ___
In der 100 steckt die 20	___	mal.	___ : 20 = ___
In der 140 steckt die 20	___	mal.	___ : 20 = ___

In der 200 steckt die 20 zehnmal (10 •) — 200 : 20 = 10

oder: 200 ergibt sich aus *zehn mal* 20. — 200 = 10 • 20

2 Ich rechne.

200 = ___ • 20	140 = ___ • 20	80 = ___ • 20
180 = ___ • 20	120 = ___ • 20	60 = ___ • 20
160 = ___ • 20	100 = ___ • 20	40 = ___ • 20

200 : 20 = 10 und 10 • 20 = 200

3 Ich rechne.

200 : 20 = 10 und 10 • 20 = 200	160 : 20 = ___ und ___ • 20 = ___
80 : 20 = ___ und ___ • 20 = ___	40 : 20 = ___ und ___ • 20 = ___
100 : 20 = ___ und ___ • 20 = ___	60 : 20 = ___ und ___ • 20 = ___
20 : 20 = ___ und ___ • 20 = ___	120 : 20 = ___ und ___ • 20 = ___

Ich kontrolliere meine Lösungen (Seite 77).

Kopfrechnen: Wer fragt mich 10 Malaufgaben und 10 Geteiltaufgaben des **1 • 20** ab?

Die Einmal-**vierzig**-Treppe

Das 1 • 40: Schritt für Schritt

									40
								40	40
							40	40	40
						40	40	40	40
					40	40	40	40	40
				40	40	40	40	40	40
			40	40	40	40	40	40	40
	80	40	40	40	40	40	40	40	40
40	40	40	40	40	40	40	40	40	40
40	40	40	40	40	40	40	40	40	40
1 • 40	2 • 40	• 40	• 40	• 40	• 40	• 40	• 40	• 40	• 40

1 Ich schreibe **unter** jeden Kasten, **wie oft** ich die **Vierzig** sehe.

2 Jetzt zähle ich in jedem Kasten die **Vierziger** zusammen.

3 Ich schreibe die Zahl mit **Rot** **über** den Kasten.

4 Ich schreibe alle **roten** Zahlen auf. Ich beginne mit der **40**.

40									

5 Ich kann an den Treppenstufen das **1 • 40** ablesen.

1 • 40 = ☐	3 • 40 = ☐	5 • 40 = ☐	7 • 40 = ☐	9 • 40 = ☐
2 • 40 = ☐	4 • 40 = ☐	6 • 40 = ☐	8 • 40 = ☐	10 • 40 = ☐

6 Die untere Aufgabe ist immer das Doppelte. Ich rechne.

1 • 40 = ☐	2 • 40 = ☐	4 • 40 = ☐	3 • 40 = ☐	5 • 40 = ☐
2 • 40 = ☐	4 • 40 = ☐	8 • 40 = ☐	6 • 40 = ☐	10 • 40 = ☐

Ich kontrolliere meine Lösungen (Seite 77).

7 Tauschaufgaben:
Tauschaufgaben haben immer dasselbe Ergebnis.
Ich rechne.

1 • 40 = ___	3 • 40 = ___	4 • 40 = ___	7 • 40 = ___
40 • 1 = ___	40 • 3 = ___	40 • 4 = ___	40 • 7 = ___
9 • 40 = ___	6 • 40 = ___	5 • 40 = ___	8 • 40 = ___
40 • 9 = ___	40 • 6 = ___	40 • 5 = ___	40 • 8 = ___

8 Ich überlege mir selbst 6 Malaufgaben und rechne.

___ • 40 = ___	___ • 40 = ___	___ • 40 = ___
___ • 40 = ___	___ • 40 = ___	___ • 40 = ___

Ich zähle laut in Zehnerschritten von 10 bis 400.
Ich klopfe immer beim **vierten** Zehner auf den Tisch.

10 20 30 (40) 50 60 70 (80) 90 …

Das sind die Zahlen des **1 • 40**.

40	80	120	160	200	240	280	320	360	400

9 Ich kreise alle Zahlen ein, die zu der Einmal**vierzig**-Reihe gehören.

40	120	140	160	210	240	260	320	380	400

Ich habe die

40					

eingekreist.

Ich kontrolliere meine Lösungen (Seite 78).

Halt!
10 Minuten

Das 1 • 40: Wie oft steckt die 40 in …?

Tipp

Wenn du nicht weißt: Wie oft steckt die 40 in der 280?, dann hilft dir die **Zehnereinmaleins-Tabelle** weiter.

•	10	20	30	40	50	60	70	80	90	100
1				40						
2				80						
3										
4										
5										
6										
7										
8										
9										
10										

1. Schritt: Ich schreibe die **Ergebnisse** des 1 • 40 untereinander. Ich beginne mit der 40.

2. Schritt: So mache ich weiter, bis ich bei der Zahl 280 angelangt bin.

3. Schritt: Ich kann am linken Rand ablesen, wie oft die 40 in der 280 steckt.
Sie steckt 7-mal in der 280.

Also:

Die 40 steckt in der 280 siebenmal (7 •).

Das kann ich auch so schreiben:

280 : 40 = 7

1 Wie oft steckt die 40 in …?

		Ich schreibe:
In der 80 steckt die 40	zwei mal.	80 : 40 = 2
In der 160 steckt die 40	___ mal.	___ : 40 = ___
In der 40 steckt die 40	___ mal.	___ : 40 = ___
In der 200 steckt die 40	___ mal.	___ : 40 = ___

In der 400 steckt die 40 zehnmal (10 •) 400 : 40 = 10

oder: 400 ergibt sich aus *zehn mal* 40. 400 = 10 • 40

2 Ich rechne.

120 = ___ • 40	200 = ___ • 40	240 = ___ • 40
40 = ___ • 40	360 = ___ • 40	80 = ___ • 40
320 = ___ • 40	280 = ___ • 40	160 = ___ • 40

400 : 40 = 10 und 10 • 40 = 400

3 Ich rechne.

200 : 40 = 5 und 5 • 40 = 200	160 : 40 = ___ und ___ • 40 = ___
80 : 40 = ___ und ___ • 40 = ___	40 : 40 = ___ und ___ • 40 = ___
120 : 40 = ___ und ___ • 40 = ___	320 : 40 = ___ und ___ • 40 = ___
400 : 40 = ___ und ___ • 40 = ___	240 : 40 = ___ und ___ • 40 = ___

Ich kontrolliere meine Lösungen (Seite 78).

Kopfrechnen: Wer fragt mich 10 Malaufgaben und 10 Geteilt-aufgaben des **1 • 40** ab?

Halt!
10 Minuten

Das 1 • 20 und das 1 • 40: Malaufgaben und Geteiltaufgaben

1 Ich schreibe die Ergebnisse des 1 • 20 auf.
Ich beginne mit der 200.

200									20

2 Ich schreibe die Ergebnisse des 1 • 40 auf.
Ich beginne mit der 400.

400									40

3 Malaufgaben: immer das Doppelte.

4 • 20 = ☐ 2 • 20 = ☐ 9 • 20 = ☐
4 • 40 = ☐ 2 • 40 = ☐ 9 • 40 = ☐

3 • 20 = ☐ 5 • 20 = ☐ 6 • 20 = ☐
3 • 40 = ☐ 5 • 40 = ☐ 6 • 40 = ☐

4 Geteiltaufgaben.

400 : 40 = ☐ 40 : 40 = ☐ 320 : 40 = ☐ 280 : 40 = ☐
200 : 20 = ☐ 20 : 20 = ☐ 160 : 20 = ☐ 140 : 20 = ☐

5 Wie oft steckt die 20 oder die 40 in …?

200 = ☐ • 20 160 = ☐ • 20 120 = ☐ • 20 80 = ☐ • 20
200 = ☐ • 40 160 = ☐ • 40 120 = ☐ • 40 80 = ☐ • 40

Hilfe

Ich kontrolliere meine Lösungen (Seite 78).

Kopfrechnen: Wer fragt mich 10 Malaufgaben und 10 Geteiltaufgaben des 1 • 20 und des 1 • 40 ab?

Das 1 • 30 und das 1 • 60

Halt!
10 Minuten

Die Einmal-**dreißig**-Treppe

Das 1 • 30: Schritt für Schritt

									30
								30	30
							30	30	30
						30	30	30	30
					30	30	30	30	30
				30	30	30	30	30	30
			30	30	30	30	30	30	30
	60	30	30	30	30	30	30	30	30
30	30	30	30	30	30	30	30	30	30
30	30	30	30	30	30	30	30	30	30

1 • 30	*2* • 30	• 30	• 30	• 30	• 30	• 30	• 30	• 30	• 30

1 Ich schreibe **unter** jeden Kasten, **wie oft** ich die **Dreißig** sehe.

2 Jetzt zähle ich in jedem Kasten die **Dreißiger** zusammen.

3 Ich schreibe die Zahl mit **Rot** **über** den Kasten.

4 Ich schreibe alle **roten** Zahlen auf. Ich beginne mit der **30**.

30									

5 Ich kann an den Treppenstufen das **1 • 30** ablesen.

$1 \cdot 30 =$ ☐ $3 \cdot 30 =$ ☐ $5 \cdot 30 =$ ☐ $7 \cdot 30 =$ ☐ $9 \cdot 30 =$ ☐

$2 \cdot 30 =$ ☐ $4 \cdot 30 =$ ☐ $6 \cdot 30 =$ ☐ $8 \cdot 30 =$ ☐ $10 \cdot 30 =$ ☐

6 Die untere Aufgabe ist immer das Doppelte. Ich rechne.

$1 \cdot 30 =$ ☐ $2 \cdot 30 =$ ☐ $4 \cdot 30 =$ ☐ $3 \cdot 30 =$ ☐ $5 \cdot 30 =$ ☐

$2 \cdot 30 =$ ☐ $4 \cdot 30 =$ ☐ $8 \cdot 30 =$ ☐ $6 \cdot 30 =$ ☐ $10 \cdot 30 =$ ☐

Ich kontrolliere meine Lösungen (Seite 79).

7 Tauschaufgaben:
Tauschaufgaben haben immer dasselbe Ergebnis.
Ich rechne.

1 • **30** = ☐	3 • **30** = ☐	4 • **30** = ☐	7 • **30** = ☐
30 • 1 = ☐	**30** • 3 = ☐	**30** • 4 = ☐	**30** • 7 = ☐
9 • **30** = ☐	6 • **30** = ☐	5 • **30** = ☐	8 • **30** = ☐
30 • 9 = ☐	**30** • 6 = ☐	**30** • 5 = ☐	**30** • 8 = ☐

8 Ich überlege mir selbst 6 Malaufgaben und rechne.

☐ • 30 = ☐	☐ • 30 = ☐	☐ • 30 = ☐
☐ • 30 = ☐	☐ • 30 = ☐	☐ • 30 = ☐

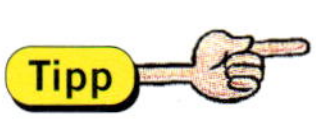

Ich zähle laut in Zehnerschritten von 10 bis 300.
Ich klopfe immer beim **dritten** Zehner auf den Tisch.

10 20 (30) 40 50 (60) 70 80 (90) …

Das sind die Zahlen des **1 • 30**.

30	60	90	120	150	180	210	240	270	300

9 Ich kreise alle Zahlen ein, die zu der Einmal**dreißig**-Reihe gehören.

30	90	100	120	130	180	190	240	280	300

Ich habe die

30					

eingekreist.

Ich kontrolliere meine Lösungen (Seite 79).

Das 1 • 30: Wie oft steckt die 30 in ...?

Wenn du nicht weißt: Wie oft steckt die 30 in der 180?, dann hilft dir die **Zehnereinmaleins-Tabelle** weiter.

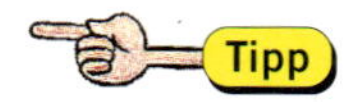

•	10	20	30	40	50	60	70	80	90	100
1			30							
2			60							
3										
4										
5										
6										
7										
8										
9										
10										

1. Schritt: Ich schreibe die **Ergebnisse** des **1 • 30** untereinander. Ich beginne mit der **30**.

2. Schritt: So mache ich weiter, bis ich bei der Zahl **180** angelangt bin.

3. Schritt: Ich kann am linken Rand ablesen, wie oft die **30** in der **180** steckt.
Sie steckt **6**-mal in der 180.

Also:

Die 30 steckt in der 180 sechsmal (6 •).

Das kann ich auch so schreiben:

180 : 30 = 6

Halt!
10 Minuten

1 Wie oft steckt die 30 in …?

			Ich schreibe:
In der 30 steckt die 30	ein	mal.	30 : 30 = 1
In der 90 steckt die 30		mal.	☐ : 30 = ☐
In der 150 steckt die 30		mal.	☐ : 30 = ☐
In der 210 steckt die 30		mal.	☐ : 30 = ☐

In der 300 steckt die 30 zehnmal (10 •) 300 : 30 = 10

oder: 300 ergibt sich aus *zehn mal* 30. 300 = 10 • 30

2 Ich rechne.

270 = ☐ • 30	60 = ☐ • 30	150 = ☐ • 30
180 = ☐ • 30	240 = ☐ • 30	120 = ☐ • 30
210 = ☐ • 30	300 = ☐ • 30	90 = ☐ • 30

300 : 30 = 10 und 10 • 30 = 300

3 Ich rechne.

300 : 30 = 10 und 10 • 30 = 300	270 : 30 = ☐ und ☐ • 30 = ☐
90 : 30 = ☐ und ☐ • 30 = ☐	60 : 30 = ☐ und ☐ • 30 = ☐
210 : 30 = ☐ und ☐ • 30 = ☐	180 : 30 = ☐ und ☐ • 30 = ☐
150 : 30 = ☐ und ☐ • 30 = ☐	240 : 30 = ☐ und ☐ • 30 = ☐

Ich kontrolliere meine Lösungen (Seite 79).

Kopfrechnen: Wer fragt mich 10 Malaufgaben und 10 Geteiltaufgaben des 1 • 30 ab?

Halt!
10 Minuten

Die Einmal-sechzig-Treppe

Das 1 • 60: Schritt für Schritt

									60
								60	60
							60	60	60
						60	60	60	60
					60	60	60	60	60
				60	60	60	60	60	60
			60	60	60	60	60	60	60
	120	60	60	60	60	60	60	60	60
60	60	60	60	60	60	60	60	60	60
60	60	60	60	60	60	60	60	60	60
1 • 60	2 • 60	• 60	• 60	• 60	• 60	• 60	• 60	• 60	• 60

1 Ich schreibe **unter** jeden Kasten, **wie oft** ich die **Sechzig** sehe.

2 Jetzt zähle ich in jedem Kasten die **Sechziger** zusammen.

3 Ich schreibe die Zahl mit **Rot** **über** den Kasten.

4 Ich schreibe alle **roten** Zahlen auf. Ich beginne mit der **60**.

60									

5 Ich kann an den Treppenstufen das **1 • 60** ablesen.

1 • 60 = ☐	3 • 60 = ☐	5 • 60 = ☐	7 • 60 = ☐	9 • 60 = ☐
2 • 60 = ☐	4 • 60 = ☐	6 • 60 = ☐	8 • 60 = ☐	10 • 60 = ☐

6 Die untere Aufgabe ist immer das Doppelte. Ich rechne.

1 • 60 = ☐	2 • 60 = ☐	4 • 60 = ☐	3 • 60 = ☐	5 • 60 = ☐
2 • 60 = ☐	4 • 60 = ☐	8 • 60 = ☐	6 • 60 = ☐	10 • 60 = ☐

Ich kontrolliere meine Lösungen (Seite 79).

Halt!
10 Minuten

7 Tauschaufgaben:
Tauschaufgaben haben immer dasselbe Ergebnis.
Ich rechne.

1 • **60** = ☐	3 • **60** = ☐	4 • **60** = ☐	7 • **60** = ☐
60 • 1 = ☐	**60** • 3 = ☐	**60** • 4 = ☐	**60** • 7 = ☐
9 • **60** = ☐	6 • **60** = ☐	5 • **60** = ☐	8 • **60** = ☐
60 • 9 = ☐	**60** • 6 = ☐	**60** • 5 = ☐	**60** • 8 = ☐

8 Ich überlege mir selbst 6 Malaufgaben und rechne.

☐ • 60 = ☐	☐ • 60 = ☐	☐ • 60 = ☐
☐ • 60 = ☐	☐ • 60 = ☐	☐ • 60 = ☐

Tipp 

Ich zähle laut in Zehnerschritten von 10 bis 600.
Ich klopfe immer beim **sechsten** Zehner auf den Tisch.

10 20 30 40 50 (60) 70 80 90 100 110 (120) …

Das sind die Zahlen des **1 • 60**.

60	120	180	240	300	360	420	480	540	600

9 Ich kreise alle Zahlen ein, die zu der Einmal**sechzig**-Reihe gehören.

60	180	190	240	260	360	390	480	490	600

Ich habe die

60					

eingekreist.

Ich kontrolliere meine Lösungen (Seite 80).

Das 1 • 60: Wie oft steckt die 60 in ...?

Wenn du nicht weißt: Wie oft steckt die 60 in der 540?,
dann hilft dir die **Zehnereinmaleins-Tabelle** weiter.

•	10	20	30	40	50	60	70	80	90	100
1						60				
2						120				
3										
4										
5										
6										
7										
8										
9										
10										

1. Schritt: Ich schreibe die **Ergebnisse** des **1 • 60** untereinander. Ich beginne mit der **60**.

2. Schritt: So mache ich weiter, bis ich bei der Zahl **540** angelangt bin.

3. Schritt: Ich kann am linken Rand ablesen, wie oft die **60** in der **540** steckt.
Sie steckt **9**-mal in der 540.

Also:

Die 60 steckt in der 540 neunmal (9 •).

Das kann ich auch so schreiben:

540 : 60 = 9

1 Wie oft steckt die 60 in …?

		Ich schreibe:
In der 60 steckt die 60	*ein* mal.	*60* : 60 = *1*
In der 180 steckt die 60	___ mal.	___ : 60 = ___
In der 480 steckt die 60	___ mal.	___ : 60 = ___
In der 540 steckt die 60	___ mal.	___ : 60 = ___

In der 600 steckt die 60 zehnmal (10 •) 600 : 60 = 10

oder: 600 ergibt sich aus *zehn mal* 60. 600 = *10* • 60

2 Ich rechne.

480 = ___ • 60	300 = ___ • 60	180 = ___ • 60
360 = ___ • 60	540 = ___ • 60	420 = ___ • 60
240 = ___ • 60	120 = ___ • 60	600 = ___ • 60

600 : 60 = *10* und *10* • 60 = 600

3 Ich rechne.

120 : 60 = *2* und *2* • 60 = *120*	240 : 60 = ___ und ___ • 60 = ___
420 : 60 = ___ und ___ • 60 = ___	480 : 60 = ___ und ___ • 60 = ___
180 : 60 = ___ und ___ • 60 = ___	540 : 60 = ___ und ___ • 60 = ___
300 : 60 = ___ und ___ • 60 = ___	360 : 60 = ___ und ___ • 60 = ___

Ich kontrolliere meine Lösungen (Seite 80).

Kopfrechnen: Wer fragt mich 10 Malaufgaben und 10 Geteiltaufgaben des **1 • 60** ab?

Das 1 • 30 und das 1 • 60: Malaufgaben und Geteiltaufgaben

Halt!
10 Minuten

1 Ich schreibe die Ergebnisse des 1 • 30 auf.
Ich beginne mit der 300.

300									30

2 Ich schreibe die Ergebnisse des 1 • 60 auf.
Ich beginne mit der 600.

600									60

3 Malaufgaben: immer das Doppelte.

6 • 30 = ☐ 9 • 30 = ☐ 3 • 30 = ☐
6 • 60 = ☐ 9 • 60 = ☐ 3 • 60 = ☐

4 • 30 = ☐ 7 • 30 = ☐ 5 • 30 = ☐
4 • 60 = ☐ 7 • 60 = ☐ 5 • 60 = ☐

4 Geteiltaufgaben.

600 : 60 = ☐ 60 : 60 = ☐ 480 : 60 = ☐ 420 : 60 = ☐
300 : 30 = ☐ 30 : 30 = ☐ 240 : 30 = ☐ 210 : 30 = ☐

5 Wie oft steckt die 30 oder die 60 in …?

300 = ☐ • 30 240 = ☐ • 30 180 = ☐ • 30 120 = ☐ • 30
300 = ☐ • 60 240 = ☐ • 60 180 = ☐ • 60 120 = ☐ • 60

Ich kontrolliere meine Lösungen (Seite 80).

Kopfrechnen: Wer fragt mich 10 Malaufgaben und 10 Geteiltaufgaben des **1 • 30** und des **1 • 60** ab?

Halt!
10 Minuten

Das 1 • 50 und das 1 • 100

Die Einmal-fünfzig-Treppe

Das 1 • 50: Schritt für Schritt

									50
								50	50
							50	50	50
						50	50	50	50
					50	50	50	50	50
				50	50	50	50	50	50
			50	50	50	50	50	50	50
	100	50	50	50	50	50	50	50	50
50	50	50	50	50	50	50	50	50	50
50	50	50	50	50	50	50	50	50	50

1 • 50	2 • 50	• 50	• 50	• 50	• 50	• 50	• 50	• 50	• 50

1 Ich schreibe **unter** jeden Kasten, **wie oft** ich die **Fünfzig** sehe.
2 Jetzt zähle ich in jedem Kasten die **Fünfziger** zusammen.
3 Ich schreibe die Zahl mit **Rot über** den Kasten.
4 Ich schreibe alle **roten** Zahlen auf. Ich beginne mit der **50**.

50									

5 Ich kann an den Treppenstufen das **1 • 50** ablesen.

1 • 50 = ☐	3 • 50 = ☐	5 • 50 = ☐	7 • 50 = ☐	9 • 50 = ☐
2 • 50 = ☐	4 • 50 = ☐	6 • 50 = ☐	8 • 50 = ☐	10 • 50 = ☐

6 Die untere Aufgabe ist immer das Doppelte. Ich rechne.

1 • 50 = ☐	2 • 50 = ☐	4 • 50 = ☐	3 • 50 = ☐	5 • 50 = ☐
2 • 50 = ☐	4 • 50 = ☐	8 • 50 = ☐	6 • 50 = ☐	10 • 50 = ☐

Ich kontrolliere meine Lösungen (Seite 80/81).

Halt!
10 Minuten

7 Tauschaufgaben:
Tauschaufgaben haben immer dasselbe Ergebnis.
Ich rechne.

$1 \cdot 50 = \square$ $3 \cdot 50 = \square$ $4 \cdot 50 = \square$ $7 \cdot 50 = \square$
$50 \cdot 1 = \square$ $50 \cdot 3 = \square$ $50 \cdot 4 = \square$ $50 \cdot 7 = \square$

$9 \cdot 50 = \square$ $6 \cdot 50 = \square$ $5 \cdot 50 = \square$ $8 \cdot 50 = \square$
$50 \cdot 9 = \square$ $50 \cdot 6 = \square$ $50 \cdot 5 = \square$ $50 \cdot 8 = \square$

8 Ich überlege mir selbst 6 Malaufgaben und rechne.

$\square \cdot 50 = \square$ $\square \cdot 50 = \square$ $\square \cdot 50 = \square$
$\square \cdot 50 = \square$ $\square \cdot 50 = \square$ $\square \cdot 50 = \square$

Ich zähle laut in Zehnerschritten von 10 bis 500.
Ich klopfe immer beim **fünften** Zehner auf den Tisch.

10 20 30 40 (50) 60 70 80 90 (100) 110 …

Das sind die Zahlen des **$1 \cdot 50$**.

50	100	150	200	250	300	350	400	450	500

9 Ich kreise alle Zahlen ein, die zu der Einmal**fünfzig**-Reihe gehören.

50	150	170	200	230	300	320	400	470	500

Ich habe die

50					

eingekreist.

Ich kontrolliere meine Lösungen (Seite 81).

Halt!
10 Minuten

Das 1 • 50: Wie oft steckt die 50 in …?

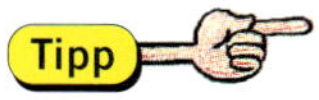

Wenn du nicht weißt: Wie oft steckt die 50 in der 450?, dann hilft dir die **Zehnereinmaleins-Tabelle** weiter.

•	10	20	30	40	50	60	70	80	90	100
1					50					
2					100					
3										
4										
5										
6										
7										
8										
9										
10										

1. Schritt: Ich schreibe die **Ergebnisse** des 1 • 50 untereinander. Ich beginne mit der 50.

2. Schritt: So mache ich weiter, bis ich bei der Zahl 450 angelangt bin.

3. Schritt: Ich kann am linken Rand ablesen, wie oft die 50 in der 450 steckt.
Sie steckt 9-mal in der 450.

Also:

Die 50 steckt in der 450 neunmal (9 •).

Das kann ich auch so schreiben:

450 : 50 = 9

Halt!
10 Minuten

1 Wie oft steckt die 50 in …?

			Ich schreibe:
In der 150 steckt die 50	drei	mal.	150 : 50 = 3
In der 250 steckt die 50	☐	mal.	☐ : 50 = ☐
In der 400 steckt die 50	☐	mal.	☐ : 50 = ☐
In der 450 steckt die 50	☐	mal.	☐ : 50 = ☐

In der 500 steckt die 50 zehnmal (10 •) — 500 : 50 = 10

oder: 500 ergibt sich aus *zehn mal* 50. — 500 = 10 • 50

2 Ich rechne.

300 = ☐ • 50	450 = ☐ • 50	200 = ☐ • 50
100 = ☐ • 50	250 = ☐ • 50	500 = ☐ • 50
350 = ☐ • 50	400 = ☐ • 50	150 = ☐ • 50

500 : 50 = 10 und 10 • 50 = 500

3 Ich rechne.

350 : 50 = 7 und 7 • 50 = 350	150 : 50 = ☐ und ☐ • 50 = ☐
200 : 50 = ☐ und ☐ • 50 = ☐	400 : 50 = ☐ und ☐ • 50 = ☐
450 : 50 = ☐ und ☐ • 50 = ☐	250 : 50 = ☐ und ☐ • 50 = ☐
100 : 50 = ☐ und ☐ • 50 = ☐	300 : 50 = ☐ und ☐ • 50 = ☐

Ich kontrolliere meine Lösungen (Seite 81).

Kopfrechnen: Wer fragt mich 10 Malaufgaben und 10 Geteiltaufgaben des **1 • 50** ab?

Halt!
10 Minuten

Die Einmal-hundert-Treppe

Das 1 • 100: Schritt für Schritt

									100
								100	100
							100	100	100
						100	100	100	100
					100	100	100	100	100
				100	100	100	100	100	100
			100	100	100	100	100	100	100
	200	100	100	100	100	100	100	100	100
100	100	100	100	100	100	100	100	100	100
100	100	100	100	100	100	100	100	100	100
1 • 100	2 • 100	• 100	• 100	• 100	• 100	• 100	• 100	• 100	• 100

1 Ich schreibe **unter** jeden Kasten, **wie oft** ich die **Hundert** sehe.
2 Jetzt zähle ich in jedem Kasten die **Hunderter** zusammen.
3 Ich schreibe die Zahl mit **Rot über** den Kasten.
4 Ich schreibe alle **roten** Zahlen auf. Ich beginne mit der **100**.

100									

5 Ich kann an den Treppenstufen das **1 • 100** ablesen.

1 • 100 = ☐ 3 • 100 = ☐ 5 • 100 = ☐ 7 • 100 = ☐ 9 • 100 = ☐
2 • 100 = ☐ 4 • 100 = ☐ 6 • 100 = ☐ 8 • 100 = ☐ 10 • 100 = ☐

6 Die untere Aufgabe ist immer das Doppelte. Ich rechne.

1 • 100 = ☐ 2 • 100 = ☐ 4 • 100 = ☐ 3 • 100 = ☐ 5 • 100 = ☐
2 • 100 = ☐ 4 • 100 = ☐ 8 • 100 = ☐ 6 • 100 = ☐ 10 • 100 = ☐

Ich kontrolliere meine Lösungen (Seite 81).

Halt!
10 Minuten

7 Tauschaufgaben:
Tauschaufgaben haben immer dasselbe Ergebnis.
Ich rechne.

1 • 100 = ☐	3 • 100 = ☐	4 • 100 = ☐	7 • 100 = ☐
100 • 1 = ☐	100 • 3 = ☐	100 • 4 = ☐	100 • 7 = ☐
9 • 100 = ☐	6 • 100 = ☐	5 • 100 = ☐	8 • 100 = ☐
100 • 9 = ☐	100 • 6 = ☐	100 • 5 = ☐	100 • 8 = ☐

8 Ich überlege mir selbst 6 Malaufgaben und rechne.

☐ • 100 = ☐	☐ • 100 = ☐	☐ • 100 = ☐
☐ • 100 = ☐	☐ • 100 = ☐	☐ • 100 = ☐

Tipp

Ich zähle laut in Zehnerschritten von 10 bis 1000.
Ich klopfe immer beim **zehnten** Zehner auf den Tisch.

10 20 30 40 50 60 70 80 90 (100) 110 120 …

Das sind die Zahlen des **1 • 100**.

100	200	300	400	500	600	700	800	900	1000

Du siehst:
alles nur Zahlen
mit mindestens
zwei Nullen.

9 Ich kreise alle Zahlen ein, die zu der Einmal**hundert**-Reihe gehören.

100	300	320	400	460	600	720	800	910	1000

Ich habe die

100					

eingekreist.

Ich kontrolliere meine Lösungen (Seite 81 / 82).

Halt!
10 Minuten

Das 1 • 100: Wie oft steckt die 100 in …?

Tipp

Wenn du nicht weißt: Wie oft steckt die 100 in der 800?, dann hilft dir die **Zehnereinmaleins-Tabelle** weiter.

•	10	20	30	40	50	60	70	80	90	100
1										100
2										200
3										
4										
5										
6										
7										
8										
9										
10										

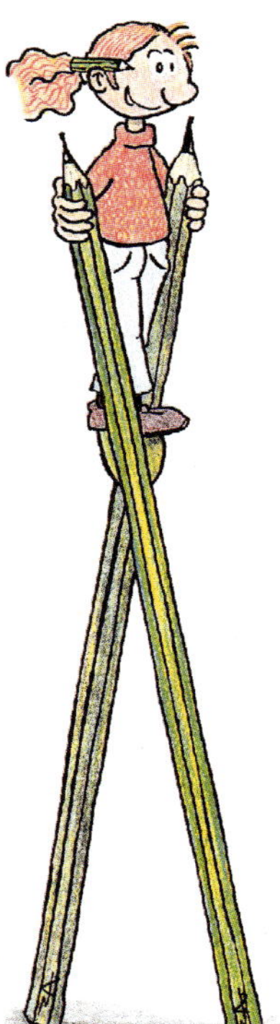

1. Schritt: Ich schreibe die **Ergebnisse** des **1 • 100** untereinander. Ich beginne mit der **100**.

2. Schritt: So mache ich weiter, bis ich bei der Zahl **800** angelangt bin.

3. Schritt: Ich kann am linken Rand ablesen, wie oft die **100** in der **800** steckt.
Sie steckt **8**-mal in der 800.

Also:

Die 100 steckt in der 800 achtmal (8 •).

Das kann ich auch so schreiben:

800 : 100 = 8

1 Wie oft steckt die 100 in …?

In der 300 steckt die 100	drei	mal.	300 : 100 = 3
In der 400 steckt die 100		mal.	☐ : 100 = ☐
In der 700 steckt die 100		mal.	☐ : 100 = ☐
In der 900 steckt die 100		mal.	☐ : 100 = ☐

Ich schreibe:

In der 1000 steckt die 100 zehnmal (10 •) 1000 : 100 = 10

oder: 1000 ergibt sich aus *zehn mal* 100. 1000 = 10 • 100

2 Ich rechne.

700 = ☐ • 100	300 = ☐ • 100	900 = ☐ • 100
1000 = ☐ • 100	600 = ☐ • 100	400 = ☐ • 100
200 = ☐ • 100	500 = ☐ • 100	800 = ☐ • 100

1000 : 100 = 10 und 10 • 100 = 1000

3 Ich rechne.

200 : 100 = 2 und 2 • 100 = 200	300 : 100 = ☐ und ☐ • 100 = ☐
800 : 100 = ☐ und ☐ • 100 = ☐	500 : 100 = ☐ und ☐ • 100 = ☐
600 : 100 = ☐ und ☐ • 100 = ☐	1000 : 100 = ☐ und ☐ • 100 = ☐
700 : 100 = ☐ und ☐ • 100 = ☐	400 : 100 = ☐ und ☐ • 100 = ☐

Ich kontrolliere meine Lösungen (Seite 82).

Kopfrechnen: Wer fragt mich 10 Malaufgaben und 10 Geteiltaufgaben des 1 • 100 ab?

Halt! 10 Minuten

Das 1 • 50 und das 1 • 100: Malaufgaben und Geteiltaufgaben

1 Ich schreibe die Ergebnisse des 1 • 50 auf.
Ich beginne mit der 500.

500									50

2 Ich schreibe die Ergebnisse des 1 • 100 auf.
Ich beginne mit der 1000.

1000									100

3 Malaufgaben: immer das Doppelte.

7 • 50 = ☐	3 • 50 = ☐	9 • 50 = ☐
7 • 100 = ☐	3 • 100 = ☐	9 • 100 = ☐
4 • 50 = ☐	8 • 50 = ☐	5 • 50 = ☐
4 • 100 = ☐	8 • 100 = ☐	5 • 100 = ☐

4 Geteiltaufgaben.

1000 : 100 = ☐	100 : 100 = ☐	800 : 100 = ☐	700 : 100 = ☐
500 : 50 = ☐	50 : 50 = ☐	400 : 50 = ☐	350 : 50 = ☐

5 Wie oft steckt die 50 oder die 100 in …?

500 = ☐ • 50	300 = ☐ • 50	400 = ☐ • 50	200 = ☐ • 50
500 = ☐ • 100	300 = ☐ • 100	400 = ☐ • 100	200 = ☐ • 100

Ich kontrolliere meine Lösungen (Seite 82).

Kopfrechnen: Wer fragt mich 10 Malaufgaben und 10 Geteiltaufgaben des **1 • 50** und des **1 • 100** ab?

Das 1 • 80

Die Einmal-achtzig-Treppe

Das 1 • 80: Schritt für Schritt

									80
								80	80
							80	80	80
						80	80	80	80
					80	80	80	80	80
				80	80	80	80	80	80
			80	80	80	80	80	80	80
	160	80	80	80	80	80	80	80	80
80	80	80	80	80	80	80	80	80	80
80	80	80	80	80	80	80	80	80	80
1 • 80	2 • 80	• 80	• 80	• 80	• 80	• 80	• 80	• 80	• 80

1 Ich schreibe **unter** jeden Kasten, **wie oft** ich die **Achtzig** sehe.

2 Jetzt zähle ich in jedem Kasten die **Achtziger** zusammen.

3 Ich schreibe die Zahl mit **Rot über** den Kasten.

4 Ich schreibe alle **roten** Zahlen auf. Ich beginne mit der **80**.

80									

5 Ich kann an den Treppenstufen das **1 • 80** ablesen.

1 • 80 = ☐	3 • 80 = ☐	5 • 80 = ☐	7 • 80 = ☐	9 • 80 = ☐
2 • 80 = ☐	4 • 80 = ☐	6 • 80 = ☐	8 • 80 = ☐	10 • 80 = ☐

6 Die untere Aufgabe ist immer das Doppelte. Ich rechne.

1 • 80 = ☐	2 • 80 = ☐	4 • 80 = ☐	3 • 80 = ☐	5 • 80 = ☐
2 • 80 = ☐	4 • 80 = ☐	8 • 80 = ☐	6 • 80 = ☐	10 • 80 = ☐

Ich kontrolliere meine Lösungen (Seite 82).

Halt!
10 Minuten

7 Tauschaufgaben:
Tauschaufgaben haben immer dasselbe Ergebnis.
Ich rechne.

1 • **80** = ☐	3 • **80** = ☐	4 • **80** = ☐	7 • **80** = ☐
80 • 1 = ☐	80 • 3 = ☐	**80** • 4 = ☐	**80** • 7 = ☐
9 • **80** = ☐	6 • **80** = ☐	5 • **80** = ☐	8 • **80** = ☐
80 • 9 = ☐	**80** • 6 = ☐	**80** • 5 = ☐	**80** • 8 = ☐

8 Ich überlege mir selbst 6 Malaufgaben und rechne.

☐ • 80 = ☐	☐ • 80 = ☐	☐ • 80 = ☐
☐ • 80 = ☐	☐ • 80 = ☐	☐ • 80 = ☐

Tipp Ich zähle laut in Zehnerschritten von 10 bis 800.
Ich klopfe immer beim **achten** Zehner auf den Tisch.

10 20 30 40 50 60 70 (80) 90 100 110 120 …

Das sind die Zahlen des **1 • 80**.

80	160	240	320	400	480	560	640	720	800

9 Ich kreise alle Zahlen ein, die zu der Einmal**achtzig**-Reihe gehören.

80	240	280	320	380	480	490	640	780	800

Ich habe die

80					

eingekreist.

Ich kontrolliere meine Lösungen (Seite 82/83).

Das 1 • 80: Wie oft steckt die 80 in ...?

Halt!
10 Minuten

Wenn du nicht weißt: Wie oft steckt die 80 in der 480?, dann hilft dir die **Zehnereinmaleins-Tabelle** weiter.

Tipp

•	10	20	30	40	50	60	70	80	90	100
1								80		
2								160		
3										
4										
5										
6										
7										
8										
9										
10										

1. Schritt: Ich schreibe die **Ergebnisse** des **1 • 80** untereinander. Ich beginne mit der **80**.

2. Schritt: So mache ich weiter, bis ich bei der Zahl **480** angelangt bin.

3. Schritt: Ich kann am linken Rand ablesen, wie oft die **80** in der **480** steckt.
Sie steckt **6**-mal in der 480.

Also:

Die 80 steckt in der 480 sechsmal (6 •).

Das kann ich auch so schreiben:

480 : 80 = 6

Halt! 10 Minuten

1 Wie oft steckt die 80 in …?

			Ich schreibe:
In der 80 steckt die 80	ein	mal.	80 : 80 = 1
In der 480 steckt die 80		mal.	___ : 80 = ___
In der 640 steckt die 80		mal.	___ : 80 = ___
In der 720 steckt die 80		mal.	___ : 80 = ___

In der 800 steckt die 80 zehnmal (10 •) $\quad$ 800 : 80 = 10

oder: 800 ergibt sich aus *zehn mal* 80. $\quad$ 800 = 10 • 80

2 Ich rechne.

480 = ___ • 80	720 = ___ • 80	320 = ___ • 80
800 = ___ • 80	240 = ___ • 80	560 = ___ • 80
160 = ___ • 80	640 = ___ • 80	400 = ___ • 80

800 : 80 = 10 $\quad$ und $\quad$ 10 • 80 = 800

3 Ich rechne.

640 : 80 = 8	und 8 • 80 = 640	240 : 80 = ___	und ___ • 80 = ___
400 : 80 = ___	und ___ • 80 = ___	480 : 80 = ___	und ___ • 80 = ___
720 : 80 = ___	und ___ • 80 = ___	160 : 80 = ___	und ___ • 80 = ___
560 : 80 = ___	und ___ • 80 = ___	320 : 80 = ___	und ___ • 80 = ___

Ich kontrolliere meine Lösungen (Seite 83).

Kopfrechnen: Wer fragt mich 10 Malaufgaben und 10 Geteilt-aufgaben des **1 • 80** ab?

Das 1 • 40 und das 1 • 80: Malaufgaben und Geteiltaufgaben

Halt!
10 Minuten

1 Ich schreibe die Ergebnisse des 1 • 40 auf.
Ich beginne mit der 400.

400									40

2 Ich schreibe die Ergebnisse des 1 • 80 auf.
Ich beginne mit der 800.

800									80

3 Malaufgaben: immer das Doppelte.

3 • 40 = ☐　　7 • 40 = ☐　　2 • 40 = ☐
3 • 80 = ☐　　7 • 80 = ☐　　2 • 80 = ☐

8 • 40 = ☐　　9 • 40 = ☐　　5 • 40 = ☐
8 • 80 = ☐　　9 • 80 = ☐　　5 • 80 = ☐

4 Geteiltaufgaben.

640 : 80 = ☐　　320 : 80 = ☐　　240 : 80 = ☐　　560 : 80 = ☐
320 : 40 = ☐　　160 : 40 = ☐　　120 : 40 = ☐　　280 : 40 = ☐

5 Wie oft steckt die 40 oder die 80 in…?

400 = ☐ • 40　　320 = ☐ • 40　　240 = ☐ • 40　　160 = ☐ • 40
400 = ☐ • 80　　320 = ☐ • 80　　240 = ☐ • 80　　160 = ☐ • 80

Ich kontrolliere meine Lösungen (Seite 83).

Kopfrechnen: Wer fragt mich 10 Malaufgaben und 10 Geteiltaufgaben des 1 • 40 und des 1 • 80 ab?

Halt!
10 Minuten

Das 1 • 70

Die Einmal-**siebzig**-Treppe

Das 1 • 70: Schritt für Schritt

									70
								70	70
							70	70	70
						70	70	70	70
					70	70	70	70	70
				70	70	70	70	70	70
			70	70	70	70	70	70	70
	140	70	70	70	70	70	70	70	70
70	70	70	70	70	70	70	70	70	70
70	70	70	70	70	70	70	70	70	70

1 • 70	2 • 70	• 70	• 70	• 70	• 70	• 70	• 70	• 70	• 70

1 Ich schreibe **unter** jeden Kasten, **wie oft** ich die **Siebzig** sehe.
2 Jetzt zähle ich in jedem Kasten die **Siebziger** zusammen.
3 Ich schreibe die Zahl mit **Rot** **über** den Kasten.
4 Ich schreibe alle **roten** Zahlen auf. Ich beginne mit der **70**.

70									

5 Ich kann an den Treppenstufen das **1 • 70** ablesen.

1 • 70 = ☐ 3 • 70 = ☐ 5 • 70 = ☐ 7 • 70 = ☐ 9 • 70 = ☐

2 • 70 = ☐ 4 • 70 = ☐ 6 • 70 = ☐ 8 • 70 = ☐ 10 • 70 = ☐

6 Die untere Aufgabe ist immer das Doppelte. Ich rechne.

1 • 70 = ☐ 2 • 70 = ☐ 4 • 70 = ☐ 3 • 70 = ☐ 5 • 70 = ☐

2 • 70 = ☐ 4 • 70 = ☐ 8 • 70 = ☐ 6 • 70 = ☐ 10 • 70 = ☐

Ich kontrolliere meine Lösungen (Seite 83).

Halt!
10 Minuten

7 Tauschaufgaben:
Tauschaufgaben haben immer dasselbe Ergebnis.
Ich rechne.

$1 \cdot 70 =$ ☐	$3 \cdot 70 =$ ☐	$4 \cdot 70 =$ ☐	$7 \cdot 70 =$ ☐
$70 \cdot 1 =$ ☐	$70 \cdot 3 =$ ☐	$70 \cdot 4 =$ ☐	$70 \cdot 7 =$ ☐
$9 \cdot 70 =$ ☐	$6 \cdot 70 =$ ☐	$5 \cdot 70 =$ ☐	$8 \cdot 70 =$ ☐
$70 \cdot 9 =$ ☐	$70 \cdot 6 =$ ☐	$70 \cdot 5 =$ ☐	$70 \cdot 8 =$ ☐

8 Ich überlege mir selbst 6 Malaufgaben und rechne.

☐ $\cdot 70 =$ ☐	☐ $\cdot 70 =$ ☐	☐ $\cdot 70 =$ ☐
☐ $\cdot 70 =$ ☐	☐ $\cdot 70 =$ ☐	☐ $\cdot 70 =$ ☐

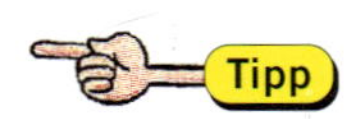

Ich zähle laut in Zehnerschritten von 10 bis 700.
Ich klopfe immer beim **siebten** Zehner auf den Tisch.

10 20 30 40 50 60 (70) 80 90 100 110 …

Das sind die Zahlen des **1 • 70**.

70	140	210	280	350	420	490	560	630	700

9 Ich kreise alle Zahlen ein, die zu der Einmal**siebzig**-Reihe gehören.

70	210	270	280	370	420	470	560	670	700

Ich habe die

70					

eingekreist.

Ich kontrolliere meine Lösungen (Seite 84).

Halt!
10 Minuten

Das 1 • 70: Wie oft steckt die 70 in ...?

Tipp

Wenn du nicht weißt: Wie oft steckt die 70 in der 280?, dann hilft dir die **Zehnereinmaleins-Tabelle** weiter.

•	10	20	30	40	50	60	70	80	90	100
1							70			
2							140			
3										
4										
5										
6										
7										
8										
9										
10										

1. Schritt: Ich schreibe die **Ergebnisse** des 1 • 70 untereinander. Ich beginne mit der 70.

2. Schritt: So mache ich weiter, bis ich bei der Zahl 280 angelangt bin.

3. Schritt: Ich kann am linken Rand ablesen, wie oft die 70 in der 280 steckt.
Sie steckt 4-mal in der 280.

Also:

Die 70 steckt in der 280 viermal (4 •).

Das kann ich auch so schreiben:

280 : 70 = 4

1 Wie oft steckt die 70 in …?

			Ich schreibe:
In der 140 steckt die 70	zwei	mal.	140 : 70 = 2
In der 350 steckt die 70		mal.	: 70 =
In der 210 steckt die 70		mal.	: 70 =
In der 630 steckt die 70		mal.	: 70 =

In der 700 steckt die 70 zehnmal (10 •) 700 : 70 = 10

oder: 700 ergibt sich aus *zehn mal* 70. 700 = 10 • 70

2 Ich rechne.

70 = ☐ • 70	490 = ☐ • 70	630 = ☐ • 70
560 = ☐ • 70	700 = ☐ • 70	420 = ☐ • 70
350 = ☐ • 70	210 = ☐ • 70	140 = ☐ • 70

700 : 70 = 10 und 10 • 70 = 700

3 Ich rechne.

210 : 70 = 3 und 3 • 70 = 210	420 : 70 = ☐ und ☐ • 70 = ☐
350 : 70 = ☐ und ☐ • 70 = ☐	140 : 70 = ☐ und ☐ • 70 = ☐
70 : 70 = ☐ und ☐ • 70 = ☐	700 : 70 = ☐ und ☐ • 70 = ☐
630 : 70 = ☐ und ☐ • 70 = ☐	490 : 70 = ☐ und ☐ • 70 = ☐

Ich kontrolliere meine Lösungen (Seite 84).

Kopfrechnen: Wer fragt mich 10 Malaufgaben und 10 Geteilt-aufgaben des **1 • 70** ab?

Halt!
10 Minuten

Das 1 • 70: Malaufgaben und Geteiltaufgaben

1 Ich schreibe die Ergebnisse des 1 • 70 auf.
Ich beginne mit der 700.

700									70

2 Ich kreise alle Zahlen ein, die zu der Einmal**siebzig**-Reihe gehören. Ich beginne mit der 70.

70	170	210	270	350	370	490	570	630	670

3 Malaufgaben: immer das Doppelte.

1 • 70 = ☐ 2 • 70 = ☐ 3 • 70 = ☐
2 • 70 = ☐ 4 • 70 = ☐ 6 • 70 = ☐

4 • 70 = ☐ 5 • 70 = ☐
8 • 70 = ☐ 10 • 70 = ☐

4 Geteiltaufgaben.

70 : 10 = ☐ 210 : 30 = ☐ 350 : 50 = ☐ 490 : 70 = ☐
140 : 20 = ☐ 280 : 40 = ☐ 420 : 60 = ☐ 560 : 80 = ☐

5 Wie oft steckt die 70 in …?

700 = ☐ • 70 280 = ☐ • 70 420 = ☐ • 70 560 = ☐ • 70
630 = ☐ • 70 210 = ☐ • 70 350 = ☐ • 70 140 = ☐ • 70

Hilfe

Ich kontrolliere meine Lösungen (Seite 84).

Kopfrechnen: Wer fragt mich 10 Malaufgaben und 10 Geteiltaufgaben des **1 • 70** ab?

Das 1 • 90

Halt!
10 Minuten

Das 1 • 90: Schritt für Schritt

Die Einmal-neunzig-Treppe

									90
								90	90
							90	90	90
						90	90	90	90
					90	90	90	90	90
				90	90	90	90	90	90
			90	90	90	90	90	90	90
	180	90	90	90	90	90	90	90	90
90	90	90	90	90	90	90	90	90	90
90	90	90	90	90	90	90	90	90	90

1 • 90	2 • 90	• 90	• 90	• 90	• 90	• 90	• 90	• 90	• 90

1 Ich schreibe **unter** jeden Kasten, **wie oft** ich die **Neunzig** sehe.

2 Jetzt zähle ich in jedem Kasten die **Neunziger** zusammen.

3 Ich schreibe die Zahl mit **Rot über** den Kasten.

4 Ich schreibe alle **roten** Zahlen auf. Ich beginne mit der **90**.

90									

5 Ich kann an den Treppenstufen das **1 • 90** ablesen.

1 • 90 =	3 • 90 =	5 • 90 =	7 • 90 =	9 • 90 =
2 • 90 =	4 • 90 =	6 • 90 =	8 • 90 =	10 • 90 =

6 Die untere Aufgabe ist immer das Doppelte. Ich rechne.

1 • 90 =	2 • 90 =	4 • 90 =	3 • 90 =	5 • 90 =
2 • 90 =	4 • 90 =	8 • 90 =	6 • 90 =	10 • 90 =

Ich kontrolliere meine Lösungen (Seite 84/85).

Halt!
10 Minuten

7 Tauschaufgaben:
Tauschaufgaben haben immer dasselbe Ergebnis.
Ich rechne.

1 • **90** = ☐	3 • **90** = ☐	4 • **90** = ☐	7 • **90** = ☐
90 • 1 = ☐	**90** • 3 = ☐	**90** • 4 = ☐	**90** • 7 = ☐
9 • **90** = ☐	6 • **90** = ☐	5 • **90** = ☐	8 • **90** = ☐
90 • 9 = ☐	**90** • 6 = ☐	**90** • 5 = ☐	**90** • 8 = ☐

8 Ich überlege mir selbst 6 Malaufgaben und rechne.

☐ • 90 = ☐	☐ • 90 = ☐	☐ • 90 = ☐
☐ • 90 = ☐	☐ • 90 = ☐	☐ • 90 = ☐

Tipp 

Ich zähle laut in Zehnerschritten von 10 bis 900.
Ich klopfe immer beim **neunten** Zehner auf den Tisch.

10 20 30 40 50 60 70 80 (90) 100 110 120 …

Das sind die Zahlen des **1 • 90**.

90	180	270	360	450	540	630	720	810	900

9 Ich kreise alle Zahlen ein, die zu der Einmal**neunzig**-Reihe gehören.

90	270	290	360	390	540	590	720	890	900

Ich habe die

90					

eingekreist.

Ich kontrolliere meine Lösungen (Seite 85).

Das 1 • 90: Wie oft steckt die 90 in ...?

Halt!

10 Minuten

Wenn du nicht weißt: Wie oft steckt die 90 in der 270?, dann hilft dir die **Zehnereinmaleins-Tabelle** weiter.

•	10	20	30	40	50	60	70	80	90	100
1									90	
2									180	
3										
4										
5										
6										
7										
8										
9										
10										

1. Schritt: Ich schreibe die **Ergebnisse** des 1 • 90 untereinander. Ich beginne mit der 90.

2. Schritt: So mache ich weiter, bis ich bei der Zahl 270 angelangt bin.

3. Schritt: Ich kann am linken Rand ablesen, wie oft die 90 in der 270 steckt.
Sie steckt 3-mal in der 270.

Also:

Die 90 steckt in der 270 dreimal (3 •).

Das kann ich auch so schreiben:

270 : 90 = 3

Halt! 10 Minuten

1 Wie oft steckt die 90 in …?

		Ich schreibe:
In der 540 steckt die 90	sechs mal.	540 : 90 = 6
In der 270 steckt die 90	___ mal.	___ : 90 = ___
In der 630 steckt die 90	___ mal.	___ : 90 = ___
In der 360 steckt die 90	___ mal.	___ : 90 = ___

In der 900 steckt die 90 zehnmal (10 •) 900 : 90 = 10

oder: 900 ergibt sich aus *zehn mal* 90. 900 = 10 • 90

2 Ich rechne.

270 = ___ • 90	450 = ___ • 90	720 = ___ • 90
810 = ___ • 90	180 = ___ • 90	630 = ___ • 90
540 = ___ • 90	360 = ___ • 90	900 = ___ • 90

900 : 90 = 10 und 10 • 90 = 900

3 Ich rechne.

540 : 90 = 6 und 6 • 90 = 540	450 : 90 = ___ und ___ • 90 = ___
360 : 90 = ___ und ___ • 90 = ___	270 : 90 = ___ und ___ • 90 = ___
630 : 90 = ___ und ___ • 90 = ___	720 : 90 = ___ und ___ • 90 = ___
180 : 90 = ___ und ___ • 90 = ___	810 : 90 = ___ und ___ • 90 = ___

Hilfe

Ich kontrolliere meine Lösungen (Seite 85).

Kopfrechnen: Wer fragt mich 10 Malaufgaben und 10 Geteiltaufgaben des **1 • 90** ab?

Halt!
10 Minuten

Das 1 • 90:
Malaufgaben und Geteiltaufgaben

1 Ich schreibe die Ergebnisse des 1 • 90 auf.
Ich beginne mit der 900.

900									90

2 Ich kreise alle Zahlen ein, die zu der Einmal**neunzig**-Reihe gehören. Ich beginne mit der 90.

90	190	270	390	450	630	790	810	890	900

3 Malaufgaben: immer das Doppelte.

4 • 90 = ☐ 3 • 90 = ☐ 1 • 90 = ☐
8 • 90 = ☐ 6 • 90 = ☐ 2 • 90 = ☐

5 • 90 = ☐ 2 • 90 = ☐
10 • 90 = ☐ 4 • 90 = ☐

4 Geteiltaufgaben.

90 : 10 = ☐ 450 : 50 = ☐ 270 : 30 = ☐ 360 : 40 = ☐
180 : 20 = ☐ 540 : 60 = ☐ 630 : 70 = ☐ 720 : 80 = ☐

5 Wie oft steckt die 90 in …?

900 = ☐ • 90 720 = ☐ • 90 540 = ☐ • 90 360 = ☐ • 90
810 = ☐ • 90 630 = ☐ • 90 450 = ☐ • 90 270 = ☐ • 90

Ich kontrolliere meine Lösungen (Seite 85).

Kopfrechnen: Wer fragt mich 10 Malaufgaben und 10 Geteiltaufgaben des **1 • 90** ab?

Hilfe

Halt!
10 Minuten

Teilen mit Rest

Wenn du nicht weißt: Wie oft steckt die **50** in der **280**?,
dann hilft dir die **Tausendertafel** weiter.

10	20	30	40	50	60	70	80	90	100
110	120	130	140	150	160	170	180	190	200
210	220	230	240	250	260	270	**280**	290	300
310	320	330	340	350	360	370	380	390	400
410	420	430	440	450	460	470	480	490	500
510	520	530	540	550	560	570	580	590	600
610	620	630	640	650	660	670	680	690	700
710	720	730	740	750	760	770	780	790	800
810	820	830	840	850	860	870	880	890	900
910	920	930	940	950	960	970	980	990	1000

Tipp

Die Zahlen von 10 bis 100 stehen in einer Zeile.

1. Schritt: Ich beginne in der ersten Zeile und kreise alle Zahlen **rot** ein, die zu der Einmal**fünfzig**-Reihe gehören. Dann nehme ich mir die nächste Zeile vor.

2. Schritt: So mache ich weiter, bis ich zu der Zahl **280** komme. Ich unterstreiche die **280**.

3. Schritt: Ich kann in der Tausendertafel erkennen: Die **250** ist die letzte Zahl vor der **280**, die ich eingekreist habe. In der **250** steckt die **50 fünfmal**. Von 250 bis 280 sind 30. **30 ist der Rest.**

Also:

Die 50 steckt in der 280 fünfmal (5 •) Rest 30.

Das kann ich auch so schreiben:

280 : 50 = 5 Rest 30

Halt!
10 Minuten

Jetzt arbeite ich ohne **Tausendertafel.**

In der 210 steckt die 70 dreimal (3 •).
In der 250 steckt die 70 dreimal (3 •) Rest 40.

Das kann ich auch so schreiben:

	250 : 70		590 : 80
zuerst:	210 : 70 = **3**	zuerst:	560 : 80 = **7**
bleibt:	**40** → das ist der Rest	bleibt:	**30** → das ist der Rest
Ergebnis:	250 : 70 = **3** Rest **40**	Ergebnis:	590 : 80 = **7** Rest **30**

1 Ich rechne.

240 : 50	440 : 60
200 : 50 = ___	420 : 60 = ___
40 → Rest	**20** → Rest
___ : ___ = ___ R ___	___ : ___ = ___ R ___

2 Ich rechne die Geteiltaufgaben mit Rest im Kopf.

130 : 20 = ___ R ___	430 : 50 = ___ R ___	710 : 80 = ___ R ___
280 : 30 = ___ R ___	570 : 60 = ___ R ___	850 : 90 = ___ R ___
340 : 40 = ___ R ___	610 : 70 = ___ R ___	920 : 100 = ___ R ___

Ich kontrolliere meine Lösungen (Seite 86).

Kopfrechnen: Wer fragt mich 20 Geteiltaufgaben mit Rest quer durch das **Zehnereinmaleins** ab?

Halt!
10 Minuten

Teilen mit Rest – und die Probe

Tipp

Wenn du nicht weißt, ob das Ergebnis der Geteiltaufgabe mit Rest richtig ist, dann hilft dir die **Probe**:

1 Ich mache aus der Geteiltaufgabe mit Rest eine Malaufgabe.
2 Ich zähle den Rest dazu.
3 Ich vergleiche das Ergebnis mit der Zahl, durch die ich geteilt habe.

In der **180** steckt die 40 viermal (4 •) Rest 20.
Oder:
180 : 40 = 4 Rest 20 (Geteiltaufgabe mit Rest)
Probe:
1 Malaufgabe: 4 • 40 = 160
2 Rest dazuzählen: + 20
180
3 Ich vergleiche das Ergebnis mit der Zahl, durch die ich geteilt habe.

Du siehst: Das Ergebnis der Geteiltaufgabe mit Rest ist richtig!

1 Ich übe das Teilen mit Rest und die Probe.

260 : 60 = ☐ Rest ☐ **Probe:** ☐ • ☐ = ☐
\+ ☐ Rest
☐

370 : 70 = ☐ Rest ☐ **Probe:** ☐ • ☐ = ☐
\+ ☐ Rest
☐

Ich kontrolliere meine Lösungen (Seite 86).

Wiederholungsübungen: Das Zehnereinmaleins

Toll, du hast alle Übungen bearbeitet! Damit du das Zehnereinmaleins auch weiterhin sicher beherrschst, wiederhole es noch **zweimal**!

So solltest du die Wiederholungen planen:

1. In **4 Wochen** beginne ich mit der **1. Wiederholung** (Seite 56). Ich trage mir den Tag, an dem ich beginnen will, in einen Kalender ein.
2. Dazu brauche ich:
   einen Bleistift, einen Radiergummi, einen Wecker.
3. Ich stelle mir den Wecker so ein, dass er nach **20 Minuten** klingelt.
4. **Jetzt fange ich an!**
5. Der Wecker hat geklingelt: Ich höre auf und kontrolliere meine Lösungen (Seite 86).

Nun warte ich 2 Wochen.
Ich trage mir den Tag, an dem ich mit der **2. Wiederholung** (Seite 57) beginnen will, in einen Kalender ein.

Dann gehe ich genauso vor wie bei der 1. Wiederholung!

1. Ich brauche: …
   (Ich lese mir oben die Punkte 2 bis 5 noch einmal durch.)

Halt!
20 Minuten

1. Wiederholung: Das Zehnereinmaleins

Hilfe

Wenn ich bei einer Aufgabe unsicher bin, sehe ich in der Zehnereinmaleins-Tabelle nach.

1 Ich schreibe die Ergebnisse des 1 • 70 auf.
Ich beginne mit der 700.

700									70

2 Ich schreibe die Ergebnisse des 1 • 90 auf.
Ich beginne mit der 900.

900									90

3 Immer das Doppelte.

10 • 40 = ☐	2 • 50 = ☐	9 • 30 = ☐	3 • 10 = ☐	8 • 20 = ☐
10 • 80 = ☐	2 • 100 = ☐	9 • 60 = ☐	3 • 20 = ☐	8 • 40 = ☐

4 Ich rechne.

420 : 7 = 60 und 60 • 7 = 420	270 : 3 = ☐ und ☐ • ☐ = ☐
420 : 70 = 6 und 6 • 70 = 420	270 : 30 = ☐ und ☐ • ☐ = ☐
120 : 6 = ☐ und ☐ • ☐ = ☐	560 : 8 = ☐ und ☐ • ☐ = ☐
120 : 60 = ☐ und ☐ • ☐ = ☐	560 : 80 = ☐ und ☐ • ☐ = ☐

5 Die Rechenschlange: Malaufgaben und Geteiltaufgaben.

Ich kontrolliere meine Lösungen (Seite 86).

2. Wiederholung: Das Zehnereinmaleins

Halt!
20 Minuten

Hilfe

Wenn ich bei einer Aufgabe unsicher bin, sehe ich in der Zehnereinmaleins-Tabelle nach.

1 Ich schreibe die Ergebnisse des 1 • 80 auf.
Ich beginne mit der 800.

800									80

2 Ich schreibe die Ergebnisse des 1 • 60 auf.
Ich beginne mit der 600.

600									60

3 Immer das Doppelte.

10 • 50 = ☐	2 • 20 = ☐	9 • 40 = ☐	3 • 30 = ☐	8 • 10 = ☐
10 • 100 = ☐	2 • 40 = ☐	9 • 80 = ☐	3 • 60 = ☐	8 • 20 = ☐

4 Ich rechne.

360 : 90 = 4 und 4 • 90 = 360	450 : 50 = ☐ und ☐ • ☐ = ☐
360 : 9 = 40 und 40 • 9 = 360	450 : 5 = ☐ und ☐ • ☐ = ☐
180 : 90 = ☐ und ☐ • ☐ = ☐	210 : 30 = ☐ und ☐ • ☐ = ☐
180 : 9 = ☐ und ☐ • ☐ = ☐	210 : 3 = ☐ und ☐ • ☐ = ☐

5 Die Rechenschlange: Malaufgaben und Geteiltaufgaben.

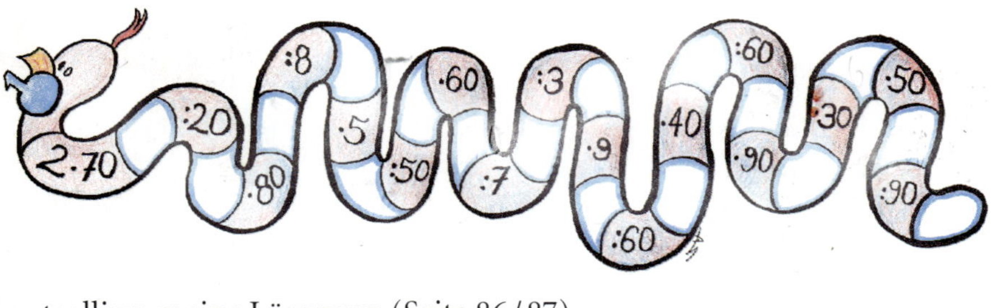

Ich kontrolliere meine Lösungen (Seite 86/87).

Halt!
20 Minuten

Eine Klassenarbeit zum Üben

Tipp
Eine gute Vorbereitung: eine Klassenarbeit zum Üben

1 Einmaleins-Aufgaben.

4 • 40 =	6 • 60 =	8 • 80 =	6 • 70 =
50 • 5 =	70 • 7 =	90 • 9 =	70 • 8 =

2 Immer das Doppelte.

7 • 20 =	4 • 30 =	9 • 50 =	5 • 40 =
7 • 40 =	4 • 60 =	9 • 100 =	5 • 80 =

3 Geteiltaufgaben.

480 : 80 =	300 : 6 =	630 : 90 =	420 : 60 =
480 : 60 =	300 : 5 =	630 : 70 =	420 : 70 =

4 Wie oft steckt die Zahl in …?

100 = ☐ • 100	180 = ☐ • 3	200 = ☐ • 20	400 = ☐ • 4
100 = ☐ • 20	180 = ☐ • 6	200 = ☐ • 50	400 = ☐ • 8
100 = ☐ • 50	180 = ☐ • 9	200 = ☐ • 40	400 = ☐ • 5

5 Ich rechne die Geteiltaufgaben mit Rest im Kopf.

150 : 20 = ☐ R ☐	190 : 40 = ☐ R ☐	190 : 80 = ☐ R ☐
190 : 20 = ☐ R ☐	380 : 40 = ☐ R ☐	650 : 80 = ☐ R ☐
170 : 30 = ☐ R ☐	270 : 50 = ☐ R ☐	290 : 90 = ☐ R ☐
290 : 30 = ☐ R ☐	480 : 50 = ☐ R ☐	890 : 90 = ☐ R ☐

Ich kontrolliere meine Lösungen (Seite 87).

Das halbschriftliche Multiplizieren und Dividieren

1. Bevor ich anfange, lasse ich mich von meinen Eltern, Freunden oder Geschwistern
   - 20 Aufgaben des kleinen Einmaleins und
   - 20 Aufgaben des Zehnereinmaleins

   abfragen.

Tipp

Multiplizieren heißt Malnehmen, Dividieren heißt Teilen.

   a) Ich habe fast alle Einmaleinsaufgaben richtig gelöst ◯ (0–2 Fehler).

   b) Ich bin noch nicht sicher ◯ (mehr als 2 Fehler).

   Ich habe a) angekreuzt: Ich lese weiter unter Punkt 2!
   Ich habe b) angekreuzt: Ich wiederhole das kleine Einmaleins und das Zehnereinmaleins noch einmal.

2. Dazu brauche ich:
   einen Bleistift, einen Radiergummi, einen Wecker.
3. Ich stelle mir den Wecker so ein, dass er nach 20 Minuten klingelt.
4. Jetzt beginne ich mit der Seite 60.
5. Ich löse immer nur **eine Seite** in 20 Minuten.
6. **Der Wecker hat geklingelt:** Ich höre auf und kontrolliere meine Lösungen.

Halt! 20 Minuten

Das halbschriftliche Multiplizieren

Das halbschriftliche Multiplizieren: Schritt für Schritt

1 Ich sehe dreimal die 21 DM (3 • 21 DM). Ich rechne in drei Schritten.

 +  = [20] DM + [1] DM = [21] DM

 +  = [ ] DM + [ ] DM = [ ] DM

 +  = [ ] DM + [ ] DM = [ ] DM

Wie viel DM sind 3 • 21 DM?		3 • 21 DM
1. Schritt:	erst die Zehner	3 • 20 DM = 60 DM
2. Schritt:	dann die Einer	3 • 1 DM = 3 DM
3. Schritt:	zusammenzählen	3 • 21 DM = 60 DM + 3 DM = 63 DM

Also: 3 • 21 DM = 63 DM

2 Ich rechne in drei Schritten (mit Hilfestellung).

	5 • 43	3 • 86	4 • 65	6 • 29
1. Schritt:	5 • 40 = [ ]	3 • 80 = [ ]	4 • 60 = [ ]	6 • 20 = [ ]
2. Schritt:	5 • 3 = [ ]	3 • 6 = [ ]	4 • 5 = [ ]	6 • 9 = [ ]
3. Schritt:	5 • 43 = [ ]	3 • 86 = [ ]	4 • 65 = [ ]	6 • 29 = [ ]

Ich kontrolliere meine Lösungen (Seite 88). ✓

Das halbschriftliche Multiplizieren in drei Schritten

Halt!
20 Minuten

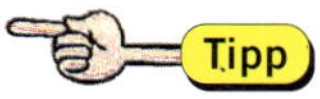

Ich multipliziere (nehme mal):

1. Schritt: Anzahl • Zehner = Ergebnis

2. Schritt: Anzahl • Einer = Ergebnis

Dann:

3. Schritt: Ich zähle die Ergebnisse zusammen.

1 Ich rechne in drei Schritten (ohne Hilfestellung).

	7 • 24	9 • 38	5 • 13	6 • 44
1.	7 • ☐ = ☐	9 • ☐ = ☐	5 • ☐ = ☐	6 • ☐ = ☐
2.	7 • ☐ = ☐	9 • ☐ = ☐	5 • ☐ = ☐	6 • ☐ = ☐
3.	7 • 24 = ☐	9 • 38 = ☐	5 • 13 = ☐	6 • 44 = ☐

	2 • 98	10 • 29	3 • 19	8 • 57
1.	2 • ☐ = ☐	10 • ☐ = ☐	3 • ☐ = ☐	8 • ☐ = ☐
2.	2 • ☐ = ☐	10 • ☐ = ☐	3 • ☐ = ☐	8 • ☐ = ☐
3.	2 • 98 = ☐	10 • 29 = ☐	3 • 19 = ☐	8 • 57 = ☐

	2 • 42	3 • 56	4 • 65	5 • 74
1.	2 • ☐ = ☐	3 • ☐ = ☐	4 • ☐ = ☐	5 • ☐ = ☐
2.	2 • ☐ = ☐	3 • ☐ = ☐	4 • ☐ = ☐	5 • ☐ = ☐
3.	2 • 42 = ☐	3 • 56 = ☐	4 • 65 = ☐	5 • 74 = ☐

Ich kontrolliere meine Lösungen (Seite 88).

Halt!
20 Minuten

Das halbschriftliche Multiplizieren in zwei Schritten

Ich rechne im Kopf und schreibe nur die Ergebnisse auf.

6 • 54 = 300 + 24 = 324
im Kopf: 6 • 50 + 6 • 4

1 Ich rechne in zwei Schritten.

3 • 87 =	240	+	21	= 261	5 • 65 =		+		=
6 • 54 =		+		=	7 • 43 =		+		=
8 • 32 =		+		=	9 • 47 =		+		=
10 • 53 =		+		=	2 • 92 =		+		=
2 • 63 =		+		=	9 • 82 =		+		=
4 • 36 =		+		=	4 • 19 =		+		=
5 • 71 =		+		=	8 • 37 =		+		=
3 • 69 =		+		=	6 • 45 =		+		=
7 • 25 =		+		=	7 • 83 =		+		=
6 • 33 =		+		=	8 • 66 =		+		=

2 Ich schreibe die Ergebnisse in die Luftballons.

Ich kontrolliere meine Lösungen (Seite 88).

Das halbschriftliche Multiplizieren: die beiden Rechenwege

Halt!
20 Minuten

Es gibt zwei Wege beim halbschriftlichen Multiplizieren.

1. Weg: Ich komme in drei Schritten zum Ergebnis:

$4 \cdot 52$

1. $4 \cdot 50 = 200$
2. $4 \cdot 2 = 8$
3. $4 \cdot 52 = 200 + 8 = 208$

2. Weg: Ich rechne im Kopf und komme in zwei Schritten zum Ergebnis:

$4 \cdot 52 = 200 + 8 = 208$

1 In drei Schritten zum Ergebnis.

4 • 22	5 • 34	6 • 43	7 • 51
4 • ☐ = ☐	5 • ☐ = ☐	6 • ☐ = ☐	7 • ☐ = ☐
4 • ☐ = ☐	5 • ☐ = ☐	6 • ☐ = ☐	7 • ☐ = ☐
4 • 22 = ☐	5 • 34 = ☐	6 • 43 = ☐	7 • 51 = ☐

8 • 65	9 • 73	10 • 86	3 • 97
8 • ☐ = ☐	9 • ☐ = ☐	10 • ☐ = ☐	3 • ☐ = ☐
8 • ☐ = ☐	9 • ☐ = ☐	10 • ☐ = ☐	3 • ☐ = ☐
8 • 65 = ☐	9 • 73 = ☐	10 • 86 = ☐	3 • 97 = ☐

Ich kontrolliere meine Lösungen (Seite 89).

Hilfe

Kopfrechnen: Wer fragt mich 20 Geteiltaufgaben mit Rest quer durch das **Zehnereinmaleins** ab?

Halt!
20 Minuten

2 Durch Kopfrechnen in zwei Schritten zum Ergebnis.

$2 \cdot 16 = 20 + 12 = 32$

$4 \cdot 18 = \square + \square = \square$

$6 \cdot 21 = \square + \square = \square$

$8 \cdot 43 = \square + \square = \square$

$3 \cdot 17 = \square + \square = \square$

$5 \cdot 19 = \square + \square = \square$

$7 \cdot 32 = \square + \square = \square$

$9 \cdot 54 = \square + \square = \square$

$2 \cdot 18 = \square + \square = \square$

$4 \cdot 25 = \square + \square = \square$

$6 \cdot 37 = \square + \square = \square$

$8 \cdot 44 = \square + \square = \square$

$3 \cdot 22 = \square + \square = \square$

$5 \cdot 36 = \square + \square = \square$

$7 \cdot 42 = \square + \square = \square$

$9 \cdot 53 = \square + \square = \square$

$2 \cdot 56 = \square + \square = \square$

$4 \cdot 71 = \square + \square = \square$

$6 \cdot 94 = \square + \square = \square$

$8 \cdot 35 = \square + \square = \square$

$3 \cdot 67 = \square + \square = \square$

$5 \cdot 86 = \square + \square = \square$

$7 \cdot 98 = \square + \square = \square$

$9 \cdot 46 = \square + \square = \square$

$1 \cdot 23 = \square + \square = \square$

$2 \cdot 33 = \square + \square = \square$

$3 \cdot 43 = \square + \square = \square$

$4 \cdot 53 = \square + \square = \square$

$5 \cdot 63 = \square + \square = \square$

$6 \cdot 37 = \square + \square = \square$

$7 \cdot 47 = \square + \square = \square$

$8 \cdot 57 = \square + \square = \square$

$9 \cdot 67 = \square + \square = \square$

$10 \cdot 77 = \square + \square = \square$

Ich kontrolliere meine Lösungen (Seite 89).

Das halbschriftliche Dividieren

Halt!
20 Minuten

Das halbschriftliche Dividieren: Schritt für Schritt

Wenn du nicht weißt: Wie oft steckt die 6 in der 372?, dann hilft dir die **Zehnereinmaleins-Tabelle** weiter.

Tipp

•	10	20	30	40	50	60	70	80	90	100
1										
2										
3										
4										
5										
6	60	120	180	240	300	360	420	480	540	600
7										
8										
9										
10										

1. Schritt: Ich suche am linken Rand die Zahl 6. Ich kreise die **6** ein. Ich nehme alle Zehner mit der 6 mal und trage die Zahlen in die Tabelle ein. Ich suche in der Zahlenreihe die Zahl, die die nächst kleinere vor 372 ist. Es ist die **360**. Ich lese an den Zehnerzahlen ab, wie oft die 6 in der **360** steckt. **360** : 6 = **60**. **Also:** Die 6 steckt in der 360 60-mal.

2. Schritt: Ich ziehe die **360** von der 372 ab.

$$\begin{array}{r} 372 \\ -\,360 \\ \hline 12 \end{array}$$

– Ich erhalte die 12

– Ich teile auch die 12 durch 6 $\quad 12 : 6 = 2$

3. Schritt: Ich zähle die Ergebnisse zusammen.

$$\begin{array}{rr} 360 : 6 = & 60 \\ 12 : 6 = & +\,2 \\ \hline & \end{array}$$

Die 6 steckt in der 372 62-mal

Halt!
20 Minuten

Das halbschriftliche Dividieren in drei Schritten

Ich löse die Aufgabe 238 : 7 in drei Schritten.
Die **Zehnereinmaleins-Tabelle** hilft mir. 238 : 7

1. Schritt:	Ich untersuche das Zehnereinmaleins, in dem die 7 steckt.	210 : 7 = 30
2. Schritt:	Ich ziehe die 210 von der 238 ab und erhalte 28.	28 : 7 = 4
3. Schritt:	Ich zähle die Ergebnisse zusammen.	238 : 7 = 34

1 Ich rechne in drei Schritten (mit Hilfestellung).

	162 : 6	245 : 5	344 : 8
1.	120 : 6 = ☐	200 : 5 = ☐	320 : 8 = ☐
2.	42 : 6 = ☐	45 : 5 = ☐	24 : 8 = ☐
3.	162 : 6 = ☐	245 : 5 = ☐	344 : 8 = ☐

	186 : 2	198 : 6	159 : 3
1.	180 : 2 = ☐	180 : 6 = ☐	150 : 3 = ☐
2.	6 : 2 = ☐	18 : 6 = ☐	9 : 3 = ☐
3.	186 : 2 = ☐	198 : 6 = ☐	159 : 3 = ☐

	441 : 7	552 : 6	348 : 4
1.	420 : 7 = ☐	540 : 6 = ☐	320 : 4 = ☐
2.	21 : 7 = ☐	12 : 6 = ☐	28 : 4 = ☐
3.	441 : 7 = ☐	552 : 6 = ☐	348 : 4 = ☐

Ich kontrolliere meine Lösungen (Seite 89/90).

Halt!

20 Minuten

2 Ich rechne in drei Schritten (ohne Hilfestellung).

198 : 2

180 : 2 = 90
18 : 2 = 9

198 : 2 = 99

297 : 9

☐ : ☐ = ☐
☐ : ☐ = ☐

297 : 9 = ☐

207 : 3

☐ : ☐ = ☐
☐ : ☐ = ☐

207 : 3 = ☐

532 : 7

☐ : ☐ = ☐
☐ : ☐ = ☐

532 : 7 = ☐

344 : 4

☐ : ☐ = ☐
☐ : ☐ = ☐

344 : 4 = ☐

335 : 5

☐ : ☐ = ☐
☐ : ☐ = ☐

335 : 5 = ☐

602 : 7

☐ : ☐ = ☐
☐ : ☐ = ☐

602 : 7 = ☐

352 : 8

☐ : ☐ = ☐
☐ : ☐ = ☐

352 : 8 = ☐

324 : 9

☐ : ☐ = ☐
☐ : ☐ = ☐

324 : 9 = ☐

342 : 6

☐ : ☐ = ☐
☐ : ☐ = ☐

342 : 6 = ☐

310 : 5

☐ : ☐ = ☐
☐ : ☐ = ☐

310 : 5 = ☐

232 : 4

☐ : ☐ = ☐
☐ : ☐ = ☐

232 : 4 = ☐

Ich kontrolliere meine Lösungen (Seite 90).

Halt!
20 Minuten

Das halbschriftliche Dividieren mit Probe

Wenn ich nicht weiß, ob mein Ergebnis richtig ist, dann hilft mir die Probe.

Geteiltaufgabe		Probe
224 : 4		
200 : 4 = 50	denn:	50 • 4 = 200
24 : 4 = 6	denn:	6 • 4 = 24
224 : 4 = 56	denn:	56 • 4 = 224

Ich sehe: Das Ergebnis der Geteiltaufgabe ist richtig!

1 Ich rechne mit Probe (mit Hilfestellung).

188 : 2		
180 : 2 = ☐	denn:	☐ • 2 = 180
8 : 2 = ☐	denn:	☐ • 2 = 8
188 : 2 = ☐	denn:	☐ • 2 = 188

275 : 5		
250 : 5 = ☐	denn:	☐ • ☐ = ☐
25 : 5 = ☐	denn:	☐ • ☐ = ☐
275 : 5 = ☐	denn:	☐ • ☐ = ☐

Hilfe

Ich kontrolliere meine Lösungen (Seite 90).

Kopfrechnen: Wer fragt mich 10 Malaufgaben und 10 Geteiltaufgaben des **Zehnereinmaleins** ab?

Halt!
20 Minuten

2 Ich rechne mit Probe (ohne Hilfestellung).

175 : 7

	:		=		denn:		·		=	
	:		=		denn:		·		=	
	:		=		denn:		·		=	

576 : 9

	:		=		denn:		·		=	
	:		=		denn:		·		=	
	:		=		denn:		·		=	

168 : 4

	:		=		denn:		·		=	
	:		=		denn:		·		=	
	:		=		denn:		·		=	

498 : 6

	:		=		denn:		·		=	
	:		=		denn:		·		=	
	:		=		denn:		·		=	

Ich kontrolliere meine Lösungen (Seite 90/91).

Halt!
20 Minuten

Das halbschriftliche Dividieren mit Rest

Die Aufgabe heißt: 87 : 4

1. Schritt: Ich nehme den vollen Zehner und schreibe auf, wie oft der Einer im Zehner steckt. 80 : 4 = 20

2. Schritt: Ich schreibe auf, wie oft der Einer in dem Rest steckt. 7 : 4 = 1 Rest 3

3. Schritt: Ich zähle die beiden Ergebnisse zusammen. 20 + 1 Rest 3 = 21 Rest 3

Das kann ich auch so schreiben:

87 : 4
80 : 4 = 20
7 : 4 = 1 Rest 3
87 : 4 = 21 Rest 3

1 Dividieren mit Rest (mit Hilfestellung).

98 : 4	77 : 2	83 : 7
80 : 4 = ☐	60 : 2 = ☐	70 : 7 = ☐
18 : 4 = ☐ R ☐	17 : 2 = ☐ R ☐	13 : 7 = ☐ R ☐
98 : 4 = ☐ R ☐	77 : 2 = ☐ R ☐	83 : 7 = ☐ R ☐

94 : 8	63 : 4	96 : 5
80 : 8 = ☐	40 : 4 = ☐	50 : 5 = ☐
14 : 8 = ☐ R ☐	23 : 4 = ☐ R ☐	46 : 5 = ☐ R ☐
94 : 8 = ☐ R ☐	63 : 4 = ☐ R ☐	96 : 5 = ☐ R ☐

Hilfe

Ich kontrolliere meine Lösungen (Seite 91).

Kopfrechnen: Wer fragt mich 10 Malaufgaben und 10 Geteiltaufgaben des **Zehnereinmaleins** ab?

Halt!
20 Minuten

2 Dividieren mit Rest (ohne Hilfestellung).

47 : 2

☐ : ☐ = ☐
☐ : ☐ = ☐ R ☐
☐ : ☐ = ☐ R ☐

75 : 4

☐ : ☐ = ☐
☐ : ☐ = ☐ R ☐
☐ : ☐ = ☐ R ☐

49 : 6

☐ : ☐ = ☐
☐ : ☐ = ☐ R ☐
☐ : ☐ = ☐ R ☐

94 : 7

☐ : ☐ = ☐
☐ : ☐ = ☐ R ☐
☐ : ☐ = ☐ R ☐

83 : 5

☐ : ☐ = ☐
☐ : ☐ = ☐ R ☐
☐ : ☐ = ☐ R ☐

57 : 2

☐ : ☐ = ☐
☐ : ☐ = ☐ R ☐
☐ : ☐ = ☐ R ☐

93 : 7

☐ : ☐ = ☐
☐ : ☐ = ☐ R ☐
☐ : ☐ = ☐ R ☐

83 : 9

☐ : ☐ = ☐
☐ : ☐ = ☐ R ☐
☐ : ☐ = ☐ R ☐

Ich kontrolliere meine Lösungen (Seite 91).

Wiederholungsübungen: Das halbschriftliche Multiplizieren und Dividieren

Toll, du hast alle Übungen bearbeitet! Damit du das halbschriftliche Multiplizieren und Dividieren auch weiterhin sicher beherrschst, wiederhole es noch je **einmal**!

So solltest du die Wiederholungen planen:

1. In **4 Wochen** beginne ich mit der **1. Wiederholung** (Seite 73). Ich trage mir den Tag, an dem ich beginnen will, in einen Kalender ein.
2. Dazu brauche ich:
   einen Bleistift, einen Radiergummi, einen Wecker.
3. Ich stelle mir den Wecker so ein, dass er nach **20 Minuten** klingelt.

5. Der Wecker hat geklingelt: Ich höre auf und kontrolliere meine Lösungen (Seite 92).

Nun warte ich 2 Wochen.
Ich trage mir den Tag, an dem ich mit der **2. Wiederholung** (Seite 74) beginnen will, in einen Kalender ein.

Dann gehe ich genauso vor wie bei der 1. Wiederholung!

1. Dazu brauche ich: …
   (Ich lese mir oben die Punkte 2 bis 5 noch einmal durch.)

1. Wiederholung: Das halbschriftliche Multiplizieren

Halt!
20 Minuten

1 Ich rechne in drei Schritten (mit Hilfestellung).

6 • 58	3 • 27	8 • 77	5 • 49
6 • 50 = ☐	3 • 20 = ☐	8 • 70 = ☐	5 • 40 = ☐
6 • 8 = ☐	3 • 7 = ☐	8 • 7 = ☐	5 • 9 = ☐
6 • 58 = ☐	3 • 27 = ☐	8 • 77 = ☐	5 • 49 = ☐

2 Ich rechne in drei Schritten (ohne Hilfestellung).

4 • 27	9 • 52	6 • 32	7 • 48
4 • ☐ = ☐	9 • ☐ = ☐	6 • ☐ = ☐	7 • ☐ = ☐
4 • ☐ = ☐	9 • ☐ = ☐	6 • ☐ = ☐	7 • ☐ = ☐
4 • ☐ = ☐	9 • ☐ = ☐	6 • ☐ = ☐	7 • ☐ = ☐

3 Ich rechne in zwei Schritten.

3 • 15 = ☐ + ☐ = ☐	3 • 24 = ☐ + ☐ = ☐
4 • 15 = ☐ + ☐ = ☐	5 • 24 = ☐ + ☐ = ☐
6 • 15 = ☐ + ☐ = ☐	7 • 24 = ☐ + ☐ = ☐
8 • 15 = ☐ + ☐ = ☐	9 • 24 = ☐ + ☐ = ☐

Ich kontrolliere meine Lösungen (Seite 92).

Halt!
20 Minuten

2. Wiederholung: Das halbschriftliche Dividieren

1 Ich rechne in drei Schritten (mit Hilfestellung).

168 : 6	255 : 5	352 : 8
120 : 6 = □	250 : 5 = □	320 : 8 = □
48 : 6 = □	5 : 5 = □	32 : 8 = □
168 : 6 = □	255 : 5 = □	352 : 8 = □

2 Ich rechne in drei Schritten und mit Probe (ohne Hilfestellung).

256 : 8	288 : 6	364 : 7
□ : □ = □	□ : □ = □	□ : □ = □
□ : □ = □	□ : □ = □	□ : □ = □
□ : □ = □	□ : □ = □	□ : □ = □
Probe	Probe	Probe
□ • □ = □	□ • □ = □	□ • □ = □
□ • □ = □	□ • □ = □	□ • □ = □
□ • □ = □	□ • □ = □	□ • □ = □

3 Dividieren mit Rest.

72 : 5	85 : 3
□ : □ = □	□ : □ = □
□ : □ = □ R □	□ : □ = □ R □
□ : □ = □ R □	□ : □ = □ R □

Ich kontrolliere meine Lösungen (Seite 92).

Eine Klassenarbeit zum Üben

Halt!
40 Minuten

1 In drei Schritten zum Ergebnis (mit Hilfestellung).

$2 \cdot 94$	$7 \cdot 36$	$8 \cdot 29$	$9 \cdot 46$
$2 \cdot 90 = \square$	$7 \cdot 30 = \square$	$8 \cdot 20 = \square$	$9 \cdot 40 = \square$
$2 \cdot 4 = \square$	$7 \cdot 6 = \square$	$8 \cdot 9 = \square$	$9 \cdot 6 = \square$
$2 \cdot 94 = \square$	$7 \cdot 36 = \square$	$8 \cdot 29 = \square$	$9 \cdot 46 = \square$

2 In drei Schritten zum Ergebnis (ohne Hilfestellung).

$3 \cdot 86$	$7 \cdot 34$	$5 \cdot 68$	$9 \cdot 33$
$3 \cdot \square = \square$	$7 \cdot \square = \square$	$5 \cdot \square = \square$	$9 \cdot \square = \square$
$3 \cdot \square = \square$	$7 \cdot \square = \square$	$5 \cdot \square = \square$	$9 \cdot \square = \square$
$3 \cdot \square = \square$	$7 \cdot \square = \square$	$5 \cdot \square = \square$	$9 \cdot \square = \square$

3 Durch Kopfrechnen in zwei Schritten zum Ergebnis.

$2 \cdot 22 = \square + \square = \square$	$6 \cdot 66 = \square + \square = \square$
$3 \cdot 33 = \square + \square = \square$	$7 \cdot 77 = \square + \square = \square$
$4 \cdot 44 = \square + \square = \square$	$8 \cdot 88 = \square + \square = \square$
$5 \cdot 55 = \square + \square = \square$	$9 \cdot 99 = \square + \square = \square$
$2 \cdot 96 = \square + \square = \square$	$6 \cdot 52 = \square + \square = \square$
$3 \cdot 85 = \square + \square = \square$	$7 \cdot 41 = \square + \square = \square$
$4 \cdot 74 = \square + \square = \square$	$8 \cdot 37 = \square + \square = \square$
$5 \cdot 63 = \square + \square = \square$	$9 \cdot 28 = \square + \square = \square$

Tipp

Eine gute Vorbereitung: eine Klassenarbeit zum Üben

4 Dividieren in drei Schritten (mit Hilfestellung).

174 : 6	235 : 5	440 : 8
120 : 6 = ☐	200 : 5 = ☐	400 : 8 = ☐
54 : 6 = ☐	35 : 5 = ☐	40 : 8 = ☐
174 : 6 = ☐	235 : 5 = ☐	440 : 8 = ☐

5 Dividieren mit Probe.

567 : 9

☐ : ☐ = ☐	denn:	☐ · ☐ = ☐
☐ : ☐ = ☐	denn:	☐ · ☐ = ☐
☐ : ☐ = ☐	denn:	☐ · ☐ = ☐

172 : 4

☐ : ☐ = ☐	denn:	☐ · ☐ = ☐
☐ : ☐ = ☐	denn:	☐ · ☐ = ☐
☐ : ☐ = ☐	denn:	☐ · ☐ = ☐

6 Dividieren mit Rest.

76 : 3	78 : 4
☐ : ☐ = ☐	☐ : ☐ = ☐
☐ : ☐ = ☐ R ☐	☐ : ☐ = ☐ R ☐
☐ : ☐ = ☐ R ☐	☐ : ☐ = ☐ R ☐

Ich kontrolliere meine Lösungen (Seite 93).

Zum Vergleichen: Die Lösungen

Lösungen zu «Das 1 • 20: Schritt für Schritt»

Das 1 • 20
Seite 10 / Seite 11

Ü 1

1 • 20	2 • 20	3 • 20	4 • 20	5 • 20	6 • 20	7 • 20	8 • 20	9 • 20	10 • 20

Ü 4

20	40	60	80	100	120	140	160	180	200

Ü 5

20	60	100	140	180
40	80	120	160	200

Ü 6

20	40	80	60	100
40	80	160	120	200

Ü 7

20	60	80	140	180	120	100	160
20	60	80	140	180	120	100	160

Ü 8 Ich kontrolliere die Ergebnisse an der Einmal**zwanzig**-Treppe (Seite 10).

Ü 9

20	60	70	80	110	120	150	160	190	200

20	60	80	120	160	200

Lösungen zu «Das 1 • 20: Wie oft steckt die 20 in ...?»

Das 1 • 20
Seite 13

Ü 1

einmal	20 : 20 = 1
dreimal	60 : 20 = 3
fünfmal	100 : 20 = 5
siebenmal	140 : 20 = 7

Ü 2

10	7	4
9	6	3
8	5	2

Ü 3

10 und 10 • 20 = 200	8 und 8 • 20 = 160
4 und 4 • 20 = 80	2 und 2 • 20 = 40
5 und 5 • 20 = 100	3 und 3 • 20 = 60
1 und 1 • 20 = 20	6 und 6 • 20 = 120

Lösungen zu «Das 1 • 40: Schritt für Schritt»

Das 1 • 40
Seite 14 / Seite 15

Ü 1

1 • 40	2 • 40	3 • 40	4 • 40	5 • 40	6 • 40	7 • 40	8 • 40	9 • 40	10 • 40

Ü 4

40	80	120	160	200	240	280	320	360	400

Ich radiere die falschen Ergebnisse aus. Diese Aufgaben löse ich noch einmal.

Ü 5

40	120	200	280	360
80	160	240	320	400

Ü 6

40	80	160	120	200
80	160	320	240	400

Ü 7

40	120	160	280	360	240	200	320
40	120	160	280	360	240	200	320

Ü 8 Ich kontrolliere die Ergebnisse an der Einmal**vierzig**-Treppe (Seite 14).

Ü 9

(40)	(120)	140	(160)	210	(240)	260	(320)	380	(400)

40	120	160	240	320	400

Das 1 • 40
Seite 17

Lösungen zu «Das 1 • 40: Wie oft steckt die 40 in ...?»

Ü 1

zweimal	80 : 40 = 2
viermal	160 : 40 = 4
einmal	40 : 40 = 1
fünfmal	200 : 40 = 5

Ü 2

3	5	6
1	9	2
8	7	4

Ü 3

5 und 5 • 40 = 200	4 und 4 • 40 = 160
2 und 2 • 40 = 80	1 und 1 • 40 = 40
3 und 3 • 40 = 120	8 und 8 • 40 = 320
10 und 10 • 40 = 400	6 und 6 • 40 = 240

Das 1 • 20 und das 1 • 40
Seite 18

Lösungen zu «Das 1 • 20 und das 1 • 40: Malaufgaben und Geteiltaufgaben»

Ü 1

200	180	160	140	120	100	80	60	40	20

Ü 2

400	360	320	280	240	200	160	120	80	40

Ü 3

80	40	180	60	100	120
160	80	360	120	200	240

Ü 4

10	1	8	7
10	1	8	7

Ü 5

10	8	6	4
5	4	3	2

Ich radiere die falschen Ergebnisse aus. Diese Aufgaben löse ich noch einmal.

Lösungen zu «Das 1 • 30: Schritt für Schritt»

Das 1 • 30
Seite 19 / Seite 20

Ü 1

1 • 30	2 • 30	3 • 30	4 • 30	5 • 30	6 • 30	7 • 30	8 • 30	9 • 30	10 • 30

Ü 4

30	60	90	120	150	180	210	240	270	300

Ü 5

30	90	150	210	270
60	120	180	240	300

Ü 6

30	60	120	90	150
60	120	240	180	300

Ü 7

30	90	120	210	270	180	150	240
30	90	120	210	270	180	150	240

Ü 8 Ich kontrolliere die Ergebnisse an der Einmal**dreißig**-Treppe (Seite 19).

Ü 9

30	90	100	120	130	180	190	240	280	300

30	90	120	180	240	300

Lösungen zu «Das 1 • 30: Wie oft steckt die 30 in ...?»

Das 1 • 30
Seite 22

Ü 1

einmal	30 : 30 = 1
dreimal	90 : 30 = 3
fünfmal	150 : 30 = 5
siebenmal	210 : 30 = 7

Ü 2

9	2	5
6	8	4
7	10	3

Ü 3

10 und 10 • 30 = 300	9 und 9 • 30 = 270
3 und 3 • 30 = 90	2 und 2 • 30 = 60
7 und 7 • 30 = 210	6 und 6 • 30 = 180
5 und 5 • 30 = 150	8 und 8 • 30 = 240

Lösungen zu «Das 1 • 60: Schritt für Schritt»

Das 1 • 60
Seite 23 / Seite 24

Ü 1

1 • 60	2 • 60	3 • 60	4 • 60	5 • 60	6 • 60	7 • 60	8 • 60	9 • 60	10 • 60

Ü 4

60	120	180	240	300	360	420	480	540	600

Ü 5

60	180	300	420	540
120	240	360	480	600

Ü 6

60	120	240	180	300
120	240	480	360	600

Ich radiere die falschen Ergebnisse aus. Diese Aufgaben löse ich noch einmal.

Ü 7

60	180	240	420	540	360	300	480
60	180	240	420	540	360	300	480

Ü 8 Ich kontrolliere die Ergebnisse an der Einmal**sechzig**-Treppe (Seite 23).

Ü 9

(60)	(180)	190	(240)	260	(360)	390	(480)	490	(600)

60	180	240	360	480	600

Das 1 • 60
Seite 26

Lösungen zu «Das 1 • 60: Wie oft steckt die 60 in ...?»

Ü 1

einmal	60 : 60 = 1
dreimal	180 : 60 = 3
achtmal	480 : 60 = 8
neunmal	540 : 60 = 9

Ü 2

8	5	3
6	9	7
4	2	10

Ü 3

2 und 2 • 60 = 120	4 und 4 • 60 = 240
7 und 7 • 60 = 420	8 und 8 • 60 = 480
3 und 3 • 60 = 180	9 und 9 • 60 = 540
5 und 5 • 60 = 300	6 und 6 • 60 = 360

Das 1 • 30 und das 1 • 60
Seite 27

Lösungen zu «Das 1 • 30 und das 1 • 60: Malaufgaben und Geteiltaufgaben»

Ü 1

300	270	240	210	180	150	120	90	60	30

Ü 2

600	540	480	420	360	300	240	180	120	60

Ü 3

180	270	90	120	210	150
360	540	180	240	420	300

Ü 4

10	1	8	7
10	1	8	7

Ü 5

10	8	6	4
5	4	3	2

Das 1 • 50
Seite 28 / Seite 29

Lösungen zu «Das 1 • 50: Schritt für Schritt»

Ü 1

1 • 50	2 • 50	3 • 50	4 • 50	5 • 50	6 • 50	7 • 50	8 • 50	9 • 50	10 • 50

Ü 4

50	100	150	200	250	300	350	400	450	500

Ich radiere die falschen Ergebnisse aus. Diese Aufgaben löse ich noch einmal.

Ü 5	50	150	250	350	450	Ü 6	50	100	200	150	250
	100	200	300	400	500		100	200	400	300	500

Ü 7	50	150	200	350	450	300	250	400
	50	150	200	350	450	300	250	400

Ü 8 Ich kontrolliere die Ergebnisse an der Einmal**fünfzig**-Treppe (Seite 28).

Ü 9

50	150	170	200	230	300	320	400	470	500

50	150	200	300	400	500

Lösungen zu «Das 1 • 50: Wie oft steckt die 50 in …?»

Das 1 • 50
Seite 31

Ü 1

dreimal	150 : 50 = 3
fünfmal	250 : 50 = 5
achtmal	400 : 50 = 8
neunmal	450 : 50 = 9

Ü 2

6	9	4
2	5	10
7	8	3

Ü 3

7 und 7 • 50 = 350	3 und 3 • 50 = 150
4 und 4 • 50 = 200	8 und 8 • 50 = 400
9 und 9 • 50 = 450	5 und 5 • 50 = 250
2 und 2 • 50 = 100	6 und 6 • 50 = 300

Lösungen zu «Das 1 • 100: Schritt für Schritt»

Das 1 • 100
Seite 32 / Seite 33

Ü 1

1 • 100	2 • 100	3 • 100	4 • 100	5 • 100	6 • 100	7 • 100	8 • 100	9 • 100	10 • 100

Ü 4

100	200	300	400	500	600	700	800	900	1000

Ü 5	100	300	500	700	900	Ü 6	100	200	400	300	500
	200	400	600	800	1000		200	400	800	600	1000

Ü 7	100	300	400	700	900	600	500	800
	100	300	400	700	900	600	500	800

Ü 8 Ich kontrolliere die Ergebnisse an der Einmal**hundert**-Treppe (Seite 32).

Ich radiere die falschen Ergebnisse aus.
Diese Aufgaben löse ich noch einmal.

Ü 9

100	300	320	400	460	600	720	800	910	1000

100	300	400	600	800	1000

Das 1 • 100
Seite 35

Lösungen zu «Das 1 • 100: Wie oft steckt die 100 in ...?»

Ü 1

dreimal	300 : 100 = 3
viermal	400 : 100 = 4
siebenmal	700 : 100 = 7
neunmal	900 : 100 = 9

Ü 2

7	3	9
10	6	4
2	5	8

Ü 3

2 und 2 • 100 = 200	3 und 3 • 100 = 300
8 und 8 • 100 = 800	5 und 5 • 100 = 500
6 und 6 • 100 = 600	10 und 10 • 100 = 1000
7 und 7 • 100 = 700	4 und 4 • 100 = 400

Das 1 • 50 und das 1 • 100
Seite 36

Lösungen zu «Das 1 • 50 und das 1 • 100: Malaufgaben und Geteiltaufgaben»

Ü 1

500	450	400	350	300	250	200	150	100	50

Ü 2

1000	900	800	700	600	500	400	300	200	100

Ü 3

350	150	450	200	400	250
700	300	900	400	800	500

Ü 4

10	1	8	7
10	1	8	7

Ü 5

10	6	8	4
5	3	4	2

Das 1 • 80
Seite 37 / Seite 38

Lösungen zu «Das 1 • 80: Schritt für Schritt»

Ü 1

1 • 80	2 • 80	3 • 80	4 • 80	5 • 80	6 • 80	7 • 80	8 • 80	9 • 80	10 • 80

Ü 4

80	160	240	320	400	480	560	640	720	800

Ü 5

80	240	400	560	720
160	320	480	640	800

Ü 6

80	160	320	240	400
160	320	640	480	800

Ich radiere die falschen Ergebnisse aus. Diese Aufgaben löse ich noch einmal.

Ü 7

80	240	320	560	720	480	400	640
80	240	320	560	720	480	400	640

Ü 8 Ich kontrolliere die Ergebnisse an der Einmal**achtzig**-Treppe (Seite 37).

Ü 9

(80)	(240)	280	(320)	380	(480)	490	(640)	780	(800)

80	240	320	480	640	800

Lösungen zu «Das 1 • 80: Wie oft steckt die 80 in ...?»

Das 1 • 80
Seite 40

Ü 1

einmal	80 : 80 = 1
sechsmal	480 : 80 = 6
achtmal	640 : 80 = 8
neunmal	720 : 80 = 9

Ü 2

6	9	4
10	3	7
2	8	5

Ü 3

8 und 8 • 80 = 640	3 und 3 • 80 = 240
5 und 5 • 80 = 400	6 und 6 • 80 = 480
9 und 9 • 80 = 720	2 und 2 • 80 = 160
7 und 7 • 80 = 560	4 und 4 • 80 = 320

Lösungen zu «Das 1 • 40 und das 1 • 80: Malaufgaben und Geteiltaufgaben»

Das 1 • 40 und das 1 • 80
Seite 41

Ü 1

400	360	320	280	240	200	160	120	80	40

Ü 2

800	720	640	560	480	400	320	240	160	80

Ü 3

120	280	80	320	360	200
240	560	160	640	720	400

Ü 4

8	4	3	7
8	4	3	7

Ü 5

10	8	6	4
5	4	3	2

Lösungen zu «Das 1 • 70: Schritt für Schritt»

Das 1 • 70
Seite 42 / Seite 43

Ü 1

1 • 70	2 • 70	3 • 70	4 • 70	5 • 70	6 • 70	7 • 70	8 • 70	9 • 70	10 • 70

Ü 4

70	140	210	280	350	420	490	560	630	700

Ü 5

70	210	350	490	630
140	280	420	560	700

Ü 6

70	140	280	210	350
140	280	560	420	700

Ich radiere die falschen Ergebnisse aus. Diese Aufgaben löse ich noch einmal.

Ü 7

70	210	280	490	630	420	350	560
70	210	280	490	630	420	350	560

Ü 8 Ich kontrolliere die Ergebnisse an der Einmal**siebzig**-Treppe (Seite 42).

Ü 9

70	210	270	280	370	420	470	560	670	700

70	210	280	420	560	700

Das 1 • 70
Seite 45

Lösungen zu «Das 1 • 70: Wie oft steckt die 70 in …?»

Ü 1

zweimal	140 : 70 = 2
fünfmal	350 : 70 = 5
dreimal	210 : 70 = 3
neunmal	630 : 70 = 9

Ü 2

1	7	9
8	10	6
5	3	2

Ü 3

3 und 3 • 70 = 210	6 und 6 • 70 = 420
5 und 5 • 70 = 350	2 und 2 • 70 = 140
1 und 1 • 70 = 70	10 und 10 • 70 = 700
9 und 9 • 70 = 630	7 und 7 • 70 = 490

Das 1 • 70
Seite 46

Lösungen zu «Das 1 • 70: Malaufgaben und Geteiltaufgaben»

Ü 1

700	630	560	490	420	350	280	210	140	70

Ü 2

70	170	210	270	350	370	490	570	630	670

Ü 3

70	140	210	280	350
140	280	420	560	700

Ü 4

7	7	7	7
7	7	7	7

Ü 5

10	4	6	8
9	3	5	2

Das 1 • 90
Seite 47 / Seite 48

Lösungen zu «Das 1 • 90: Schritt für Schritt»

Ü 1

1 • 90	2 • 90	3 • 90	4 • 90	5 • 90	6 • 90	7 • 90	8 • 90	9 • 90	10 • 90

Ich radiere die falschen Ergebnisse aus. Diese Aufgaben löse ich noch einmal.

Ü 4

90	180	270	360	450	540	630	720	810	900

Ü 5

90	270	450	630	810
180	360	540	720	900

Ü 6

90	180	360	270	450
180	360	720	540	900

Ü 7

90	270	360	630	810	540	450	720
90	270	360	630	810	540	450	720

Ü 8 Ich kontrolliere die Ergebnisse an der Einmal**neunzig**-Treppe (Seite 47).

Ü 9

(90)	(270)	290	(360)	390	(540)	590	(720)	890	(900)

90	270	360	540	720	900

Lösungen zu «Das 1 • 90: Wie oft steckt die 90 in ...?»

Das 1 • 90
Seite 50

Ü 1

sechsmal	540 : 90 = 6
dreimal	270 : 90 = 3
siebenmal	630 : 90 = 7
viermal	360 : 90 = 4

Ü 2

3	5	8
9	2	7
6	4	10

Ü 3

6 und 6 • 90 = 540	5 und 5 • 90 = 450
4 und 4 • 90 = 360	3 und 3 • 90 = 270
7 und 7 • 90 = 630	8 und 8 • 90 = 720
2 und 2 • 90 = 180	9 und 9 • 90 = 810

Lösungen zu «Das 1 • 90: Malaufgaben und Geteiltaufgaben»

Das 1 • 90
Seite 51

Ü 1

900	810	720	630	540	450	360	270	180	90

Ü 2

(90)	190	(270)	390	(450)	(630)	790	(810)	890	(900)

Ü 3

360	270	90	450	180
720	540	180	900	360

Ü 4

9	9	9	9
9	9	9	9

Ü 5

10	8	6	4
9	7	5	3

Ich radiere die falschen Ergebnisse aus.
Diese Aufgaben löse ich noch einmal.

Teilen mit Rest
Seite 53

Lösungen zu «Teilen mit Rest»

Ü 1 [4 R 40] [7 R 20]

Ü 2

6 R 10	8 R 30	8 R 70
9 R 10	9 R 30	9 R 40
8 R 20	8 R 50	9 R 20

Teilen mit Rest – und die Probe
Seite 54

Lösungen zu «Teilen mit Rest – und die Probe»

Ü 1 [4 R 20] Probe: $4 \cdot 60 = 240$, $+ 20$, $= 260$

[5 R 20] Probe: $5 \cdot 70 = 350$, $+ 20$, $= 370$

1. Wiederholung
Seite 56

Lösungen zu «1. Wiederholung: Das Zehnereinmaleins»

Ü 1

700	630	560	490	420	350	280	210	140	70

Ü 2

900	810	720	630	540	450	360	270	180	90

Ü 3

400	100	270	30	160
800	200	540	60	320

Ü 4

60 und $60 \cdot 7 = 420$	90 und $90 \cdot 3 = 270$
6 und $6 \cdot 70 = 420$	9 und $9 \cdot 30 = 270$
20 und $20 \cdot 6 = 120$	70 und $70 \cdot 8 = 560$
2 und $2 \cdot 60 = 120$	7 und $7 \cdot 80 = 560$

Ü 5 = 100 = 20 = 160 = 2 = 180 = 30 = 150 = 3 = 210 = 70 = 630 = 7 = 70 = 560 = 7 = 28 = 4

2. Wiederholung
Seite 57

Lösungen zu «2. Wiederholung: Das Zehnereinmaleins»

Ü 1

800	720	640	560	480	400	320	240	160	80

Ü 2

600	540	480	420	360	300	240	180	120	60

Ü 3

500	40	360	90	80
1000	80	720	180	160

Ich radiere die falschen Ergebnisse aus. Diese Aufgaben löse ich noch einmal.

Ü 4

4 und 4 • 90 = 360	9 und 9 • 50 = 450
40 und 40 • 9 = 360	90 und 90 • 5 = 450
2 und 2 • 90 = 180	7 und 7 • 30 = 210
20 und 20 • 9 = 180	70 und 70 • 3 = 210

Ich radiere die falschen Ergebnisse aus. Diese Aufgaben löse ich noch einmal.

Ü 5 = 140 = 7 = 560 = 70 = 350 = 7 = 420 = 60 = 20 = 180 = 3 = 270 = 9 = 450 = 5

Lösungen zu «Eine Klassenarbeit zum Üben»

Eine Klassenarbeit Seite 58

Bitte deine Eltern, dir bei der Kontrolle der Lösungen und der Auswertung der Arbeit zu helfen.

Ü 1

160	360	640	420		
250	490	810	560	(für jede Aufgabe 2 Punkte)	/ 16

Ü 2

140	120	450	200		
280	240	900	400	(für jede Aufgabe 2 Punkte)	/ 16

Ü 3

6	50	7	7		
8	60	9	6	(für jede Aufgabe 2 Punkte)	/ 16

Ü 4

1	60	10	100		
5	30	4	50		
2	20	5	80	(für jede Aufgabe 2 Punkte)	/24

Ü 5

7 R 10	4 R 30	2 R 30
9 R 10	9 R 20	8 R 10
5 R 20	5 R 20	3 R 20
9 R 20	9 R 30	9 R 80

(für jede Aufgabe 2 Punkte) /24

Bewertung

Du kannst insgesamt 96 Punkte erreichen. Für jedes falsche Ergebnis musst du einen Punkt abziehen. Rechne nun deine Punkte zusammen.

Ich habe ☐ von 96 Punkten

96 bis 92 P.: Gut gemacht!
91 bis 72 P.: Du hast viele Aufgaben richtig gelöst.
Unter 72 P.: Du musst noch kräftig üben.

Halbschriftliches Multiplizieren Seite 60

Lösungen zu «Das halbschriftliche Multiplizieren: Schritt für Schritt»

Ü 4

5 • 43	3 • 86	4 • 65	6 • 29
5 • 40 = 200	3 • 80 = 240	4 • 60 = 240	6 • 20 = 120
5 • 3 = 15	3 • 6 = 18	4 • 5 = 20	6 • 9 = 54
5 • 43 = 215	3 • 86 = 258	4 • 65 = 260	6 • 29 = 174

Halbschriftliches Multiplizieren Seite 61

Lösungen zu «Das halbschriftliche Multiplizieren in drei Schritten»

Ü 4

7 • 24	9 • 38	5 • 13	6 • 44
7 • 20 = 140	9 • 30 = 270	5 • 10 = 50	6 • 40 = 240
7 • 4 = 28	9 • 8 = 72	5 • 3 = 15	6 • 4 = 24
7 • 24 = 168	9 • 38 = 342	5 • 13 = 65	6 • 44 = 264
2 • 98	10 • 29	3 • 19	8 • 57
2 • 90 = 180	10 • 20 = 200	3 • 10 = 30	8 • 50 = 400
2 • 8 = 16	10 • 9 = 90	3 • 9 = 27	8 • 7 = 56
2 • 98 = 196	10 • 29 = 290	3 • 19 = 57	8 • 57 = 456
2 • 42	3 • 56	4 • 65	5 • 74
2 • 40 = 80	3 • 50 = 150	4 • 60 = 240	5 • 70 = 350
2 • 2 = 4	3 • 6 = 18	4 • 5 = 20	5 • 4 = 20
2 • 42 = 84	3 • 56 = 168	4 • 65 = 260	5 • 74 = 370

Halbschriftliches Multiplizieren Seite 62

Lösungen zu «Das halbschriftliche Multiplizieren in zwei Schritten»

Ü 1

3 • 87 = 240 + 21 = 261	5 • 65 = 300 + 25 = 325
6 • 54 = 300 + 24 = 324	7 • 43 = 280 + 21 = 301
8 • 32 = 240 + 16 = 256	9 • 47 = 360 + 63 = 423
10 • 53 = 500 + 30 = 530	2 • 92 = 180 + 4 = 184
2 • 63 = 120 + 6 = 126	9 • 82 = 720 + 18 = 738
4 • 36 = 120 + 24 = 144	4 • 19 = 40 + 36 = 76
5 • 71 = 350 + 5 = 355	8 • 37 = 240 + 56 = 296
3 • 69 = 180 + 27 = 207	6 • 45 = 240 + 30 = 270
7 • 25 = 140 + 35 = 175	7 • 83 = 560 + 21 = 581
6 • 33 = 180 + 18 = 198	8 • 66 = 480 + 48 = 528

Ü 2

2 • 94 = 180 + 8 = 188	4 • 25 = 80 + 20 = 100
3 • 87 = 240 + 21 = 261	5 • 36 = 150 + 30 = 180
3 • 24 = 60 + 12 = 72	6 • 47 = 240 + 42 = 282
3 • 79 = 210 + 27 = 237	7 • 53 = 350 + 21 = 371

Ich radiere die falschen Ergebnisse aus. Diese Aufgaben löse ich noch einmal.

Lösungen zu «Das halbschriftliche Multiplizieren: die beiden Rechenwege»

Halbschriftliches Multiplizieren
Seite 63 / Seite 64

Ü 1

4 • 22	5 • 34	6 • 43	7 • 51
4 • 20 = 80	5 • 30 = 150	6 • 40 = 240	7 • 50 = 350
4 • 2 = 8	5 • 4 = 20	6 • 3 = 18	7 • 1 = 7
4 • 22 = 88	5 • 34 = 170	6 • 43 = 258	7 • 51 = 357
8 • 65	9 • 73	10 • 86	3 • 97
8 • 60 = 480	9 • 70 = 630	10 • 80 = 800	3 • 90 = 270
8 • 5 = 40	9 • 3 = 27	10 • 6 = 60	3 • 7 = 21
8 • 65 = 520	9 • 73 = 657	10 • 86 = 860	3 • 97 = 291

Ü 2

2 • 16 = 20 + 12 = 32	3 • 17 = 30 + 21 = 51
4 • 18 = 40 + 32 = 72	5 • 19 = 50 + 45 = 95
6 • 21 = 120 + 6 = 126	7 • 32 = 210 + 14 = 224
8 • 43 = 320 + 24 = 344	9 • 54 = 450 + 36 = 486
2 • 18 = 20 + 16 = 36	3 • 22 = 60 + 6 = 66
4 • 25 = 80 + 20 = 100	5 • 36 = 150 + 30 = 180
6 • 37 = 180 + 42 = 222	7 • 42 = 280 + 14 = 294
8 • 44 = 320 + 32 = 352	9 • 53 = 450 + 27 = 477
2 • 56 = 100 + 12 = 112	3 • 67 = 180 + 21 = 201
4 • 71 = 280 + 4 = 284	5 • 86 = 400 + 30 = 430
6 • 94 = 540 + 24 = 564	7 • 98 = 630 + 56 = 686
8 • 35 = 240 + 40 = 280	9 • 46 = 360 + 54 = 414
1 • 23 = 20 + 3 = 23	6 • 37 = 180 + 42 = 222
2 • 33 = 60 + 6 = 66	7 • 47 = 280 + 49 = 329
3 • 43 = 120 + 9 = 129	8 • 57 = 400 + 56 = 456
4 • 53 = 200 + 12 = 212	9 • 67 = 540 + 63 = 603
5 • 63 = 300 + 15 = 315	10 • 77 = 700 + 70 = 770

Lösungen zu «Das halbschriftliche Dividieren in drei Schritten»

Halbschriftliches Dividieren
Seite 66 / Seite 67

Ü 1

162 : 6	245 : 5	344 : 8
120 : 6 = 20	200 : 5 = 40	320 : 8 = 40
42 : 6 = 7	45 : 5 = 9	24 : 8 = 3
162 : 6 = 27	245 : 5 = 49	344 : 8 = 43
186 : 2	198 : 6	159 : 3
180 : 2 = 90	180 : 6 = 30	150 : 3 = 50
6 : 2 = 3	18 : 6 = 3	9 : 3 = 3
186 : 2 = 93	198 : 6 = 33	159 : 3 = 53

Ich radiere die falschen Ergebnisse aus. Diese Aufgaben löse ich noch einmal.

	441 : 7	552 : 6	348 : 4
	420 : 7 = 60	540 : 6 = 90	320 : 4 = 80
	21 : 7 = 3	12 : 6 = 2	28 : 4 = 7
	441 : 7 = 63	552 : 6 = 92	348 : 4 = 87
Ü 2	198 : 2	297 : 9	207 : 3
	180 : 2 = 90	270 : 9 = 30	180 : 3 = 60
	18 : 2 = 9	27 : 9 = 3	27 : 3 = 9
	198 : 2 = 99	297 : 9 = 33	207 : 3 = 69
	532 : 7	344 : 4	335 : 5
	490 : 7 = 70	320 : 4 = 80	300 : 5 = 60
	42 : 7 = 6	24 : 4 = 6	35 : 5 = 7
	532 : 7 = 76	344 : 4 = 86	335 : 5 = 67
	602 : 7	352 : 8	324 : 9
	560 : 7 = 80	320 : 8 = 40	270 : 9 = 30
	42 : 7 = 6	32 : 8 = 4	54 : 9 = 6
	602 : 7 = 86	352 : 8 = 44	324 : 9 = 36
	342 : 6	310 : 5	232 : 4
	300 : 6 = 50	300 : 5 = 60	200 : 4 = 50
	42 : 6 = 7	10 : 5 = 2	32 : 4 = 8
	342 : 6 = 57	310 : 5 = 62	232 : 4 = 58

Halbschriftliches Dividieren mit Probe
Seite 68 / Seite 69

Lösungen zu «Das halbschriftliche Dividieren mit Probe»

Ü 1	188 : 2		
	180 : 2 = 90	denn:	90 • 2 = 180
	8 : 2 = 4	denn:	4 • 2 = 8
	188 : 2 = 94	denn:	94 • 2 = 188
	275 : 5		
	250 : 5 = 50	denn:	50 • 5 = 250
	25 : 5 = 5	denn:	5 • 5 = 25
	275 : 5 = 55	denn:	55 • 5 = 275
Ü 2	175 : 7		
	140 : 7 = 20	denn:	20 • 7 = 140
	35 : 7 = 5	denn:	5 • 7 = 35
	175 : 7 = 25	denn:	25 • 7 = 175
	576 : 9		
	540 : 9 = 60	denn:	60 • 9 = 540
	36 : 9 = 4	denn:	4 • 9 = 36
	576 : 9 = 64	denn:	64 • 9 = 576

Ich radiere die falschen Ergebnisse aus. Diese Aufgaben löse ich noch einmal.

Ich radiere die falschen Ergebnisse aus.
Diese Aufgaben löse ich noch einmal.

168 : 4		
160 : 4 = 40	denn:	40 • 4 = 160
8 : 4 = 2	denn:	2 • 4 = 8
168 : 4 = 42	denn:	42 • 4 = 168

498 : 6		
480 : 6 = 80	denn:	80 • 6 = 480
18 : 6 = 3	denn:	3 • 6 = 18
498 : 6 = 83	denn:	83 • 6 = 498

Lösungen zu «Das halbschriftliche Dividieren mit Rest»

Halbschriftliches Dividieren mit Rest
Seite 70 / Seite 71

Ü 1	98 : 4	77 : 2	83 : 7
	80 : 4 = 20	60 : 2 = 30	70 : 7 = 10
	18 : 4 = 4 R 2	17 : 2 = 8 R 1	13 : 7 = 1 R 6
	98 : 4 = 24 R 2	77 : 2 = 38 R 1	83 : 7 = 11 R 6
	94 : 8	63 : 4	96 : 5
	80 : 8 = 10	40 : 4 = 10	50 : 5 = 10
	14 : 8 = 1 R 6	23 : 4 = 5 R 3	46 : 5 = 9 R 1
	94 : 8 = 11 R 6	63 : 4 = 15 R 3	96 : 5 = 19 R 1

Ü 2	47 : 2	75 : 4
	40 : 2 = 20	40 : 4 = 10
	7 : 2 = 3 R 1	35 : 4 = 8 R 3
	47 : 2 = 23 R 1	75 : 4 = 18 R 3
	49 : 6	94 : 7
	48 : 6 = 8	70 : 7 = 10
	1 : 6 = R 1	24 : 7 = 3 R 3
	49 : 6 = 8 R 1	94 : 7 = 13 R 3
	83 : 5	57 : 2
	50 : 5 = 10	40 : 2 = 20
	33 : 5 = 6 R 3	17 : 2 = 8 R 1
	83 : 5 = 16 R 3	57 : 2 = 28 R 1
	93 : 7	83 : 9
	70 : 7 = 10	81 : 9 = 9
	23 : 7 = 3 R 2	2 : 9 = R 2
	93 : 7 = 13 R 2	83 : 9 = 9 R 2

1. Wiederholung
Seite 73

Lösungen zu «1. Wiederholung: Das halbschriftliche Multiplizieren»

Ü 1

6 • 58	3 • 27	8 • 77	5 • 49
6 • 50 = 300	3 • 20 = 60	8 • 70 = 560	5 • 40 = 200
6 • 8 = 48	3 • 7 = 21	8 • 7 = 56	5 • 9 = 45
6 • 58 = 348	3 • 27 = 81	8 • 77 = 616	5 • 49 = 245

Ü 2

4 • 27	9 • 52	6 • 32	7 • 48
4 • 20 = 80	9 • 50 = 450	6 • 30 = 180	7 • 40 = 280
4 • 7 = 28	9 • 2 = 18	6 • 2 = 12	7 • 8 = 56
4 • 27 = 108	9 • 52 = 468	6 • 32 = 192	7 • 48 = 336

Ü 3

3 • 15 = 30 + 15 = 45	3 • 24 = 60 + 12 = 72
4 • 15 = 40 + 20 = 60	5 • 24 = 100 + 20 = 120
6 • 15 = 60 + 30 = 90	7 • 24 = 140 + 28 = 168
8 • 15 = 80 + 40 = 120	9 • 24 = 180 + 36 = 216

2. Wiederholung
Seite 74

Lösungen zu «2. Wiederholung: Das halbschriftliche Dividieren»

Ü 1

168 : 6	255 : 5	352 : 8
120 : 6 = 20	250 : 5 = 50	320 : 8 = 40
48 : 6 = 8	5 : 5 = 1	32 : 8 = 4
168 : 6 = 28	255 : 5 = 51	352 : 8 = 44

Ü 2

256 : 8	288 : 6	364 : 7
240 : 8 = 30	240 : 6 = 40	350 : 7 = 50
16 : 8 = 2	48 : 6 = 8	14 : 7 = 2
256 : 8 = 32	288 : 6 = 48	364 : 7 = 52
Probe	Probe	Probe
30 • 8 = 240	40 • 6 = 240	50 • 7 = 350
2 • 8 = 16	8 • 6 = 48	2 • 7 = 14
32 • 8 = 256	48 • 6 = 288	52 • 7 = 364

Ü 3

72 : 5	85 : 3
50 : 5 = 10	60 : 3 = 20
22 : 5 = 4 R 2	25 : 3 = 8 R 1
72 : 5 = 14 R 2	85 : 3 = 28 R 1

Ich radiere die falschen Ergebnisse aus. Diese Aufgaben löse ich noch einmal.

Bitte deine Eltern, dir bei der Kontrolle der Lösungen und der Auswertung der Arbeit zu helfen.

Lösungen zu «Eine Klassenarbeit zum Üben»

Ü 1

2 • 94	7 • 36	8 • 29	9 • 46	
2 • 90 = 180	7 • 30 = 210	8 • 20 = 160	9 • 40 = 360	
2 • 4 = 8	7 • 6 = 42	8 • 9 = 72	9 • 6 = 54	
2 • 94 = 188	7 • 36 = 252	8 • 29 = 232	9 • 46 = 414	
		(für jede Aufgabe 2 Punkte)		/ 8

Ü 2

3 • 86	7 • 34	5 • 68	9 • 33	
3 • 80 = 240	7 • 30 = 210	5 • 60 = 300	9 • 30 = 270	
3 • 6 = 18	7 • 4 = 28	5 • 8 = 40	9 • 3 = 27	
3 • 86 = 258	7 • 34 = 238	5 • 68 = 340	9 • 33 = 297	
		(für jede Aufgabe 3 Punkte)		/12

Ü 3

2 • 22 = 40 + 4 = 44	6 • 66 = 360 + 36 = 396	
3 • 33 = 90 + 9 = 99	7 • 77 = 490 + 49 = 539	
4 • 44 = 160 + 16 = 176	8 • 88 = 640 + 64 = 704	
5 • 55 = 250 + 25 = 275	9 • 99 = 810 + 81 = 891	
2 • 96 = 180 + 12 = 192	6 • 52 = 300 + 12 = 312	
3 • 85 = 240 + 15 = 255	7 • 41 = 280 + 7 = 287	
4 • 74 = 280 + 16 = 296	8 • 37 = 240 + 56 = 296	
5 • 63 = 300 + 15 = 315	9 • 28 = 180 + 72 = 252	
	(für jede Aufgabe 3 Punkte)	/48

Ü 4

174 : 6	235 : 5	440 : 8	
120 : 6 = 20	200 : 5 = 40	400 : 8 = 50	
54 : 6 = 9	35 : 5 = 7	40 : 8 = 5	
174 : 6 = 29	235 : 5 = 47	440 : 8 = 55	
		(für jede Aufgabe 2 Punkte)	/ 6

Ü 5

567 : 9			
540 : 9 = 60	denn:	60 • 9 = 540	
27 : 9 = 3	denn:	3 • 9 = 27	
567 : 9 = 63	denn:	63 • 9 = 567	
172 : 4			
160 : 4 = 40	denn:	40 • 4 = 160	
12 : 4 = 3	denn:	3 • 4 = 12	
172 : 4 = 43	denn:	43 • 4 = 172	
		(für jede Aufgabe zweimal 3 Punkte)	/12

Ü 6

76 : 3	78 : 4		
60 : 3 = 20	40 : 4 = 10		
16 : 3 = 5 R 1	38 : 4 = 9 R 2		
76 : 3 = 25 R 1	78 : 4 = 19 R 2		
		(für jede Aufgabe 3 Punkte)	/ 6

Bewertung
Du kannst insgesamt 92 Punkte erreichen. Für jedes falsche Ergebnis musst du einen Punkt abziehen. Rechne nun deine Punkte zusammen.

Ich habe ☐ von 92 Punkten

92 bis 90 P.: Gut gemacht!
89 bis 70 P.: Du hast viele Aufgaben richtig gelöst.
Unter 70 P.: Du musst noch kräftig üben.

Immer dabei: Das Lesezeichen «Die Zehnereinmaleins-Tabelle»

•	10	20	30	40	50	60	70	80	90	100
1	10	20	30	40	50	60	70	80	90	100
2	20	40	60	80	100	120	140	160	180	200
3	30	60	90	120	150	180	210	240	270	300
4	40	80	120	160	200	240	280	320	360	400
5	50	100	150	200	250	300	350	400	450	500
6	60	120	180	240	300	360	420	480	540	600
7	70	140	210	280	350	420	490	560	630	700
8	80	160	240	320	400	480	560	640	720	800
9	90	180	270	360	450	540	630	720	810	900
10	100	200	300	400	500	600	700	800	900	1000

Tipp

Damit kannst du prima Aufgaben kontrollieren. Zwei Beispiele findest du auf der Rückseite.

Schneide die Seiten 95/96 entlang der roten Linien aus. (Schlau ist es, wenn du dir die Seiten vorher kopierst – falls du das Lesezeichen einmal verlegen solltest.) Jetzt hast du ein tolles Lesezeichen, auf dem du immer schnell nachschauen kannst, wenn du ein Ergebnis nicht ohne Hilfe herausbekommst. (Wenn du Lust hast, kannst du das Lesezeichen unten lochen und dort einen dicken Wollfaden oder Ähnliches durchziehen. Dann ist es noch auffälliger.)

Auf der Rückseite findest du zwei Beispiele, die dir verdeutlichen, wie prima du mit der Einmaleins-Tabelle rechnen kannst.

4 • 80 = 320

•	10	20	30	40	50	60	70	80	90	100
1	10	20	30	40	50	60	70	80	90	100
2	20	40	60	80	100	120	140	160	180	200
3	30	60	90	120	150	180	210	240	270	300
4	40	80	120	160	200	240	280	320	360	400
5	50	100	150	200	250	300	350	400	450	500
6	60	120	180	240	300	360	420	480	540	600
7	70	140	210	280	350	420	490	560	630	700
8	80	160	240	320	400	480	560	640	720	800
9	90	180	270	360	450	540	630	720	810	900
10	100	200	300	400	500	600	700	800	900	1000

9 • 50 = 450

•	10	20	30	40	50	60	70	80	90	100
1	10	20	30	40	50	60	70	80	90	100
2	20	40	60	80	100	120	140	160	180	200
3	30	60	90	120	150	180	210	240	270	300
4	40	80	120	160	200	240	280	320	360	400
5	50	100	150	200	250	300	350	400	450	500
6	60	120	180	240	300	360	420	480	540	600
7	70	140	210	280	350	420	490	560	630	700
8	80	160	240	320	400	480	560	640	720	800
9	90	180	270	360	450	540	630	720	810	900
10	100	200	300	400	500	600	700	800	900	1000